認知症を生き抜いた母

極微の発達への旅

安岡芙美子 著
Yasuoka Fumiko

クリエイツかもがわ
CREATES KAMOGAWA

はじめに

私は、大学を卒業し東京都の福祉職として仕事を開始、その後30年近くを老人福祉分野で過ごした。1970年代には高齢化社会が脚光をあびるようになってきた。都ではじめて開設した特別養護老人ホームの初代指導員（今でいうソーシャルワーカー）を皮切りに、養護老人ホーム、ハーフウェイハウス（高齢者のリハビリ専門施設）などを経験した。

公立の施設ということで、その使命は民間では難しい重度の老人のケアであった。医療の必要度が高い人をはじめ、介護が難しい人が多く、1980年代には入所者600人中3分の1近くが老人性痴呆（今でいう認知症）だった。外出して迷い子になり（今でいう徘徊）自分では帰って来られずパトカーのご厄介になる人、ダストシュートに排尿する人、廊下においたストレッチャーで昼寝する人、大便のお団子を紙に包んで職員にくださる方など愛すべき行動は見られたが、職員も困ったわねと言いながらも他のしっかり老人と区別することなく大概はおだやかに暮らしていた。ただ、当時は職員の間ですら、「この人たちは何もわからないから先に呆けたほうが勝ちよね」などと今から思うと見当違いな認識もあったし、徘徊する人は心ゆくまで徘徊させてあげようと回廊式の建物構造にしてみたりもした。

その後、私自身は大学に教員として転職したが、2000年前後の時期からは認知症が全国的に問題視され始めた。いわく何にもわけがわからなくなる、徘徊して行方不明になる、暴言・暴力、介護に抵抗するなどといった周辺症状ばかりが強調され、困った病気、絶望的な病気と思われ、認知症の人の本当の姿や人格的側面は顧みられない状況だった。

私はこのようなとらえ方にはずっと違和感をもっていた。たとえば、物を置き忘れて探しまわる認知症の人は多いが、それを人が盗ったと言い張り、人を疑う人はその一部なのである。私が経験してきた認知症の方は、概ねおだやかに暮らしており、皆がみな周辺症状を呈するわけではない。人格も破壊されるどころか人間的にも魅力的な人たちが多かったのだ。

ここ数年は若年性認知症の方々が発言するようになり、「認知症の人の真相」への理解が飛躍的にすすんだ。それによって、従来の認知症観は無知あるいは偏見であることが明らかとなってきた。

この頃から母が認知症となり、7年ほど介護をした。母の例は単なる一例の報告にすぎないとしても、非常に濃密に関わったことによって、私の認知症に関する考え方はより強められた。つまり認知症の人の症状は了解可能なものであり、本人たちは記憶が弱くなり、生きるには不利な条件下においても懸命に生きる人間として誇りに満ちた人々という見方である。

また、母の介護のなかで家族会にもたずさわり、認知症と診断されただけで絶望的になり、不安の極みとなり、介護心中でもしそうな心理に陥る家族たちを多く見てきた。私のなかで、一般の人々の認知症への恐怖や偏見を何とか解消しなければという思いが強くなり、あえて母の闘病、介護の様子を公開することに踏み切った。

本書は母の認知症の初期から、骨折、心筋梗塞による入院により急激に重度化し、終末期を迎え、亡くなるまでの経過を追いながら、その時どきの介護と利用したサービスの解説を述べたものである。在宅期間におけるホームヘルパーとの日々、あるいは重度化して入所した施設でのケアについては、小さなエピソードを含めて述べることによって、認知症になっても、制度をうまく活用しよいケアを行えれば、おだやかに、平和に愛情にあふれて生きることができることを多くの方々に知ってもらいたいと思う。そして、認知症への偏見を少しでも軽減することに寄与できることを願っている。

２０１７年１月

安岡　芙美子

もくじ

第3章 回復の日々

第4章 おだやかな暮らし

第5章 最期のたたかい

第6章 母の介護から伝えたいこと

※カバー装画・扉の絵は母の塗り絵の作品です。

第1章

老いの影

家族7人での暮らしのなか、母が認知症になった。日中独居の母は、だんだんとできないことが増えていき、介護サービスを入れていくことになった。ヘルパーとの二人三脚の生活、私たち家族の変わらない関わり方を中心に、どんなことにどのように対応していったかを見ていただきたい。

1 アリセプトの処方

母88歳の終り頃、少し老いの影が差してきた。

当時私たちは、兄夫婦とその3人の息子、私と母の7人で、埼玉県朝霞市という東京近郊の一軒家で暮らしていた。この家で生まれた3人の孫たちも、一番上が社会人、2番目が大学生、3番目が高校生になっていた。兄夫婦も私も当時は60代で、ずっと仕事をしてきており、母は歯科医の仕事をリタイアしたあとは、この家で孫の世話や絵、手芸などの趣味三昧の生活を送っていた。

母は喘息をもっていたが、きちんと吸入薬を使うことで発作を起こすことはほとんどなかったし、他に身体的に急激な変化があったわけではないが、それでもだんだんと水墨画や書道などのサークルに出席しなくなり、家にひきこもりがちになっていった。家で少しは書くこともあったが、それでもテレビをぼんやりと見ていることが多くなり、ひとりにしておくとまとまったことができなくなり、手持ち無沙汰にしていることが増えてきた。

私と一緒にクリニックや銀行に行くときも、診察券や通帳を忘れてしまうことがあった。また、歩くときにはふらつくようになり、夜間に転倒することもあったが、骨折などの大事には至らなかった。自分から思いついて杖を購入したり、少し排せつに自信がもてなくなったのか、私に安心パンツを買うように言ってきたのもこの頃のことであった。

しかし、まだ自分で考え、判断する力は十分にあったのだが、かかりつけの医師はアルツハイマー病との見立てで、アリセプトの処方をした。

私たちは、母が認知症だと言われても、あまり心配したり、母を特別扱いにすることはなく、楽観的だった。多少は生活のなかでできないことが出てきていたが、それはちょっと手助けすればよいだけで、そんなに困るほどではなかったし、まだ人格はしっかりと保たれていたからだ。医師の書いた本などを読むと、認知症の徘徊や暴力・暴言などの周辺症状の大変さが強調されているものが多い。たしかに精神科に受診する人の多くは、家族が周辺症状で困り果てて受診させるので、医師側からみると認知症患者の多くは重大な周辺症状をもっているように思えるのかもしれない。

しかし、半数以上の利用者に認知症があるという、特別養護老人ホームの施設現場に長く勤めていた私の経験では、認知症の人の誰もが介護者が共倒れになるほどの重大な周辺症状を起こすようなことはなかった。設備や人的資源のきちんと整った環境では、そんなにはげしい周辺症状を起こす人はごく少数であり、たいていはおっとりとおだやかであり、認知症といってもそれほど特別な存在ではなかった。しかも症状の発現にあたっては、パーソンセンタードケアの提唱者であるトム・キットウッドが述べているように、認知症の症状は神経学的障害だけではなく、本人の身体の状況、生活史、性格、心理社会的要因によって左右される。

そんなわけで、とにかく私は、母に心身ともに健康的で快適な生活をさせることに気を配れば、それほど大事にはならないだろうと思っていた。普通の老人にとって快適な暮らしは、認知症老人にとっても快適であり、また反対も成り立つと考えたのである。

もともと家族全体にとって母は権威があり、母に反論したりたて突いたりすることは考えられなかった。そこで、家族としては、母も年を取ったので、ますます母の言うこと、やることを受け入れ、丁重に接しただけで認知症ということでの特別扱いはなかった。医師から処方されたアリセプトは、それほど効果的とも思えなかったが、害がなければ飲んでもよいかぐらいに考えていた。

2 介護認定

ひとりで外出はしなくなった母だが、私と一緒に近所を散歩しご近所の人たちと話したり、デパートに行きショッピングや食事を楽しむこともできた。

母の部屋は2階にあり、2階にはトイレも台所もあったが、昼間は母がひとりで留守番をしているため、1階のリビングに居ることが多く、階段の昇り降りをする必要があった。母の部屋を1階に移すことは間取り上難しかったので、廊下や階段に手すりを付けることにした。

母は、手すりなんていらないと反対したが、これは説得した。手すりをつけるにあたって、介護保険で行えば1割負担で済むので手続きを行ってみた。まず、朝霞市に要介護認定の申請を行った。市からすぐに調査員がきて、母に何かと尋ねたが、母は抵抗なく質問に真面目に答えた。主治医の意見書はかかりつけの医師が書いてくれ、直接市に渡してくれた。判定の結果はなんと要介護2であった。

母は手すりを付けたことに、「これはよかったよ」と肯定的に受けとめてくれた。

2005年6月21日、母の90歳の誕生日は家族揃って日本料理屋で会食した。同じ時期には一番上の孫が結婚し、母は元気にその披露宴に出席した。この頃家には、大学生の一番下の孫だけが一緒に住んでいた。

3 ゆっくりとすすむ老化

母は、90歳を迎えて以降、徐々にだが歩行が衰えてきた。日によって元気なときもあるが、支えても5〜6分も歩くと疲れてしまうようになってきた。私は、母の生活の質を高め、機能を維持するうえで、母が大好きだったショッピングや外食、観劇などの楽しみは何としても続けたいと思った。これが最後になるかもしれないと、心のなかで密かな決意をしつつ、タクシーを利用して国立劇場で歌舞伎を、東京芸術劇場で京劇などを楽しんだ。しかし、本人はだんだん長時間の歩行ができなくなっているという自覚があまりなく、せっかく連れ出したにもかかわらず、劇場の席が気に入らないなどと結構勝手なことを言っていた。

そのうちに、昼食に前日の残りものを食べようとしたのか、自分で温めようとしてお鍋をこがすことが何回かあった。また、電話を新しい機能付きのものに取り換えたことによって、電話の使い方がわからなくなった。しかし、母あてに電話がかかることもなく、また耳が遠くなってきた母が電話に出ることもなくなっていたので、それほど困ることはなかった。緊急の連絡時はどうしようと考えることもあったが、身の周りのことはできたし、昼食も自分で干物を焼くなどして食べることができたので、一家総働きという忙しさにかまけて、そう深刻に考えることもなかったというのが正直なところだった。

母は「電話もわからなくなってしまった。もうダメになった」と嘆いていた。自分で自分が情けない気持ちがあったのだろう。

他にもできないことが増えてきた。まず、電化製品の使い方がおぼつかなくなった。電子レンジ、洗濯機である。今の家電製品は、そうでなくても必要のない機能が多すぎて、私たちでさえ使いこなすのは難しい。これは兄が考えたのだが、母は昼ごはんの温めだけに電子レンジを使うので、①電源を入れる、②時間を1分に設定、③スタートを押す、と3つだけのボタンを使えばいいように、ボタンに1、2、3、と番号をふり、あとのボタンはすべて紙を貼って使えなくすることで解決。洗濯機も同様にした。母は自分と娘である私の洗濯物は自分の仕事と心得て、私が行う前に洗濯するのが常だったので、母からその仕事を奪うのはよくないと思ったのである。

身の周りのことは自分でできていたが、危なっかしいところも増えてきたので、髪だけは週に2回、昼間に私が洗ってあげるようにした。母は嫌がることもなく、喜んで洗わせてくれた。髪をきれいに洗い上げ、ドライヤーで整えるのは、私たちにとってとても幸せな時間だった。

また薬については、薬局から何種類かの薬を1回ごとに分包したものを1か月分もらうのだが、1回ごとの袋に日付を書き、1週間分ずつ台紙に貼ることも行っていた。母は「うまいことやるわね、どこで習ったの?」と作業する私を感心して見守ってくれた。これを冷蔵庫に張り付けておくと、家族全員、母が薬を飲んだことの確認ができるなかなかうまい方法であった。夜の喘息薬の吸入については、私の目の前でやってもらった。

そのうち、風呂場においた自分のタオルがわからなくなっているのに気づいたが、大勢に影響はないので、どのタオルでも好きなように使ってもらった。すておけないのが衣類の着替えで、汚れたものと新しいものの区別がつかないことを発見。これについては、入浴時に私が衣類をそろえ、脱いだものをすぐに片づけ、新しいものを出しておくようにすることで解決した。

本当にゆっくりと老化していったので、特別なことをしている気はしなかったが、いつとはなく介助することが増えていった。振り返ると次のようなことを介助していた。

朝食を準備（紅茶にハム、チーズトースト、果物ぐらいの簡単なもの）し、一緒に食べたあと片づけを行う、着替えの衣類チェック、入浴後の吸入、貼り薬をはる、着替えの手伝い（ときに服の上にパジャマを着てしまうなど）、入れ歯の洗浄、電気毛布スイッチチェック（スイッチを適切な温度に入れられない）、部屋の掃除、週2回髪シャンプー、月1回受診、週1回薬整理、衣類整理（季節に応じた衣類を準備して、本人がすぐとれるようにしておく）、爪切り、耳掃除、毎週スーパーへ気分転換に買い物に行く。母の世話は、朝の起床時から朝食までと夕食、入浴、就寝など朝と晩に集中しており、私の勤務の前や帰宅後、夜に行うことができた。

母の当時の生活も、つぎのように簡潔きわまりないものだった。

朝は兄夫婦が出勤したあと、ゆっくり起き私と一緒に朝食、私が出勤したあとは独居状態なので詳細は不明だが、後述する塗り絵をやったり、洗濯ものの取り込みやたたむことをやっていたようだ。私が帰宅すると、食堂の大きなテーブルには何枚もの絵が拡げられていた。

兄夫婦が帰ってくると、私たちはいったん2階にあがる。義姉が夕食を準備し出来上がると階下から呼んでくれるので、1階の食堂に行ってみんなで夕食を食べる。その後、入浴を済ませ、2階にあがり私の部屋でテレビを見るなどして過ごし、自分の部屋に行き就寝。これの繰り返しだった。兄夫婦との接点は主に夕食時のみであり、母の世話は私にまかされていた。兄たちは私が高齢者福祉の専門家だと思ってすべてをまかせてくれ、特に口をはさむこともなかったので、キーパーソンである私としてはやりやすかったことも事実である。

4 日中独居の時間と閉じこもり予防

娘として気を配ったのは、日中ひとりなので、少しでも母が楽しめることを見つけること、家の外には出られないため、閉じこもりになり心身の機能が低下することへの対策であった。家族がいる朝夕は何とでもできるが、ひとりになる日中の過ごし方をどうするかが問題となった。

いろいろ考えた結果、塗り絵を買ってみた。母は、80歳代の終わり頃までは地域の水墨画や書道の会に熱心に参加し、毎年のように展覧会に出品するなど、とても絵が好きだったからである。しかし、塗り絵については、最初はバカにして全然やってはくれなかった。

だが私は、認知症の人は口頭の指示ではやらなくても、実物を提示し、やってみせるとやることがあるということを特別養護老人ホームの現場にいたときに経験していた。ある日、母の座っている横で、私がテーブルに塗り絵を広げ、塗っているうちに、「おばあちゃんも、ここをちょっと塗って」とクーピーを渡すと、はじめはしょうことなしに塗っていたが、おもしろかったのか絵心が戻ってきたのかわからないが、突然に積極的に塗り始めた。

その日から、母は塗り絵に夢中になり、日がな1日行うようになった。大人の塗り絵なので、有名な画家の絵の下書きに上塗りして仕上げるというもので、子どもっぽいものではなかった。それでも母はお手本どおりに塗るのではなく、自分の発想で自由に色づけし、なかなかの絵に仕上げた。これで母の趣味づくりは成功だった。

閉じこもり予防としては、私が家にいられる土、日、月にはいろいろなところに連れ出した。毎月の通院はもちろんであるが、週末はかならず車で10分ほどの、デパートのようなしつらえの大型スーパーに行き、ショッピングをしたり、喫茶店でお茶を飲んで過ごすようにした。そこにはブティックも入っているので、ファッション好きの母はあれこれと見て歩き、買い物をしたり店員さんとおしゃべりしたり、大いに楽しんでいた。

たまには電車で20分ほどかけて池袋にある東武デパートにも行った。池袋駅までは電車に座って行き、駅からデパートの一番近い入口まで、10メートルほど私が支えて歩き、デパートにはあらかじめ電話連絡をして、入り口に車いすを用意しておいてもらった。おしゃれな母は、きちんとお化粧をし、よそ行きの服にネックレスやイヤリングなどのアクセサリーをつけて出かけた。主に、洋服やジュエリーを見るのである。あるときは靴を購入し、ランチにはスペイン料理を食べ、大喜びだった。

老いの兆候はあっても90歳までは、それなりに、ごく普通に過ごすことができた。

5 介護保険サービスの利用

やがて、昼ごはんを自分で支度することが危なっかしくなってきた。本人はできるつもりでいるが、私はそろそろ限界かなと感じていた。しかし昼食だけの問題なので、まだホームヘルパーなど介護保険のサービスを利用するほどではないとも思っていた。

そこで、朝霞市の配食サービスを利用することを考えた。配食サービスは介護保険のサービスではなく市町村の任意事業である。つまり市町村によって、やっているところとやっていないところがある。また内容や自治体からの補助金もそれぞれで異なる。市に問い合わせてみると、朝霞市の場合は食事づくりが困難な65歳以上の高齢者などに昼食を届けるとともに安否確認のサービスがあり、市に申請し、利用が決定すると1食につき200円の補助が出るとのことだった（2005年当時）。

安否確認もしてくれるというので、大いに期待していたが、いざ利用してみると、市の直営ではなく業者委託であり、お弁当はいかにも粗末で味も悪く、配食も玄関先におくだけで声をかけるわけでもなかったので、これでは安否確認にもならないと、1か月で中止してしまった（現在は配食サービスは全国的に普及しており、運営主体や事業者も多様であり、内容も向上し特別食への対応もできるようになっている）。

食事の件は捨ておけないので、次に考えたのは、介護保険を利用してホームヘルパーによる昼食援助と見守りを行うことである。年末になって急きょ市に相談すると、新年早々の1月4日、近くの居宅介護支援事業所より、ケアマネジャーが来てくれた。

私が仕事で家に居ない、火、水、木、金の4日間ホームヘルパーに入ってもらい、見守りや昼ごはんをちょっと温める程度の手助けをしてもらいたいという希望を伝えた。その結果、利

表1　最初のケアプラン

第 1 表　　【 居宅サービス計画書（1） 】

作成年月日 印刷日　平成○年○月○日

初回 ・紹介 ・継続　　認定済・申請中

利用者名　　生年月日　　年　月　日 住所

居宅サービス計画作成者氏名

居宅介護支援事業者・事業所名及び所在地　○○居宅介護支援事業所

居宅サービス計画作成（変更）日　平成　年　月　日　初回居宅サービス計画作成日　平成　年　月　日

認定日　平成　年　月　日　認定の有効期間　平成　年　月　日～平成　年　月　日

要介護状態区分	経過的要介護 ・ 要介護1 ・ 要介護2 ・ 要介護3 ・ 要介護4 ・ 要介護5
利用者及び家族の生活に対する意向	ご本人：困っていることはないので　別に手伝ってもらわなくてもよいが、娘が心配するから　昼ご飯の準備をお願いしてみようと考えている。 ご家族（娘）：日中独居のため不安がある。安否確認から初めてほしい。その後　介護サービスに抵抗がなくなれば　安全でリズムのある生活が送れるように他のサービスを考えていきたい。

第 2 表　　【 居宅サービス計画書（2） 】　　作成年月日

利用者名

生活全般の解決すべき課題（ニーズ）	目標				援助内容					
	長期目標	（期間）	短期目標	（期間）	サービス内容	※1	サービス種別	※2	頻度	期間
安全な生活を送りたい	安心できる毎日を送る	H18.03.01 ～H19.12.29	1日の生活の中にリズムをつけてすごす	H19.01.10 ～H19.02.28	（本人） ・塗り絵		本人	本人	適宜	H19.01.10 ～H19.02.28
					（介護保険のサービス） ・安否確認・食事見守り	○	訪問介護	ヘルパーステーション	1回/週	H19.01.10 ～H19.12.28
美味しい食事が食べたい	栄養面の管理をする	H19.03.01 ～H20.02.29	きちんと食事を取る	H19.05.01 ～H20.02.29	（介護保険のサービス） ・調理・片付け	○	訪問介護	ヘルパーステーション	2回/週	H19.05.07 ～H20.02.29

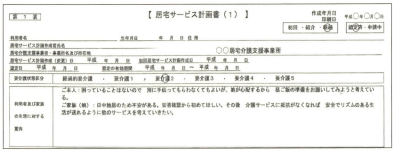

用するサービスはホームヘルプ（訪問介護）だけの単品で、週4日、1日30分、援助内容としては見守り・昼食援助で、ケアマネジャーと同じ法人の訪問介護事業所からヘルパーが入るというケアプランに決定した。少し日にちをおいた1月9日には、訪問介護事業所から3人のヘルパーが来て打ち合わせを行った。開始は翌日の1月10日からである。

　介護保険では、ホームヘルプの援助内容は身体介護と生活援助に区別される。身体介護と生活援助では介護報酬の単価も違う。また身体介護であれば、見守り、食事、排せつ、入浴などの介護、生活援助であれば買い物、掃除、洗濯、調理などの家事介助というように、何

第３表　　【 週間サービス計画表 】

利用者名　　　　　　　　　　平成19年05月より

		月	火	水	木	金
深夜	4：00					
早朝	6：00					
午前	8：00					
	10：00					
午後	12：00		12:30～13:30訪問介護	12:30～13:30訪問介護	12:30～13:00訪問介護	12:30～13:00訪問介護
	14：00					
	16：00					
夜間	18：00					
	20：00					
深夜	22：00					
	24：00					
	2：00					

を援助するかが細かく決められる。それを何曜日の何時から何時までに行うかなども決められ、決められたことは援助してくれるが、決めていないことはできないというシステムだ。

ケアプランや訪問介護計画は、書類にして、家族の承諾を得て決定、つまり契約するのである。このケアプランや訪問介護計画書は一度作成すれば、それっきりというのではなく、何か月かに1回更新する。そのつど、説明を受け、承諾の印鑑を押さなければならないので、けっこう事務仕事も煩雑であった。

介護保険制度は複雑で、難しいので、サービスを利用したいときは、とにかく市町村の担当窓口に問い合わせるとよい。利用するにあたっての仕組みについては、34頁で簡単に説明をしたので、参考にしていただきたい。

6 ヘルパーさんとの二人三脚

これで昼食と火の始末が危ないという問題は片づきそうだ。前日には母の昼食のおかずを準備し冷蔵庫に入れ、ヘルパーとの連絡ノートに次の日の食べ物やお願いしたいことをしっかりと書き、ヘルパーを迎える準備をした。おかずは母の好物であるステーキやうなぎのかば焼きをメインにサラダや煮物など2〜3品用意した。だいたいは電子レンジでの温めで済むものだったが、ステーキだけは調理してもらった。毎晩、明日のおかずを何にするかを考えながら準備するのは、私にとって楽しいことであった。

ヘルパーは毎回詳細な連絡ノートを書いてくれたが、それによって昼間の母の状態がわかったのは大きな成果であった。母の昼間の状況がわかって安心したとともに、ヘルパーさんの気配りで気がついたこともたくさんあった。もっとも、母から見れば、「ヘルパーさんは何もしていないよ、おしゃべりして、なんか一生懸命書いてばかりいる」ということになるのだが。

母は「自分でできるのでヘルパーなど必要ない」と言っていたが、ケアマネジャーやヘルパーから「奥様からヘルパーにいろいろ教えていただきたいのであがります」と言われると、どうも行儀見習いのように思ったらしく、了解したという経過があった。

そんなわけで、最初はヘルパーが来るのを待たないで、自分でおかずを温め食べてしまい、ヘルパーの活動時間と母の食事時間がさっぱり合わなかった。サービス利用を開始した1月中はヘルパーが到着するとさっさと昼食を済ませてお茶を飲んでおり、訪れたヘルパーにもお茶を出すなどして、おしゃべりを楽しんでいることが多かった。母は人懐っこく、誰にでも臆せず接するところがあったので、このような性格が幸いしたといえる。

それでもヘルパーが来るからこそ、薬の確認もきちんとできたし、昼間の暖房を本人がどうしているかもわかった。暖房については、私たち家族も非常に気になっており、ヘルパーに確認を頼んだところ、昼間は自分で石油ストーブをつけて暖かく過ごしていることがわかった。まだ自分で自分の環境を整える力が残っていることに安心した。

ヘルパーが訪問すると、新聞や週刊誌を見ていることが多く、「本当のこともあるけど、嘘も多いのよね」とヘルパーに笑顔で一言述べたりもした。また、髪をカットしたあとなどはヘルパーが気づき褒めてくれると、母も喜び、わりに急速に関係ができていった。もっとも母からすれば、ヘルパーに援助されているという意識はさらさらなく、お客様か手伝ってくれる人か、お友だちと思っていたのではないだろうか。最初はお客様扱いして、ヘルパーが来るとお茶を淹れようとしていたようである。母はヘルパーが何をする人かという理解はあいまいだったが、昼間独居のところに来て、相手をしてくれることには拒否的ではなかった。最初は、お客様に失礼のない態度をとらねばと思ったのかもしれないが、はじめから積極的に会話を交わしていたようだ。

ヘルパーの入る時間は、母の生活時間に合わせるように試行錯誤し、当初は13時30分〜14時だったが、何度も何度も変更し、最終的には12時30分〜13時30分に落ち着いた。

7 おにぎり作戦

春になり、ヘルパーとの生活も軌道にのってきた頃にちょっとした問題が起きた。

母が冷蔵庫のなかの食べ物を自分で出し、電子レンジで温めたまま入れっぱなしにしているというのだ。温めて食べようという気はあるのだが、電子レンジに入れて目の前からなくなるとわからなくなるらしい。あるいは、レンジのチンという音が聞こえないのかもしれない。

母はわりに食が細いため、出されたものを残してしまうことが多い。考えようによっては、食事の量の感覚があり、自分にとって適度な量を身体でわかっていたともいえる。ヘルパーも、母の好物のステーキの味を塩味にしたり醤油味にしたり、細かく切ってくれたりと工夫はしているが、それでも残すことが多かった。そのために、夕方に空腹となり自分で温め直して食べるつもりで、温めるが忘れてしまうのではないだろうか。ためしにヘルパーにおにぎりをつくってもらい、母が見える食卓においてもらった。腐ると困るのでなかに何も入れない塩おにぎりにしてもらった。

これは成功だった。おにぎりをちゃんと食べ、冷蔵庫の食べ物は出さなくなった。いつでも見えるように食卓に置くことがミソであった。というのは一度、ヘルパーが鮭おにぎりをつくり、冷蔵庫に入れておいたのだが、母がそれを忘れてしまい、食べられなかったことがあった。おにぎりはまた塩おにぎりとし、これで続行した。

8 ヘルパー締め出される

突然、私の職場に電話があった。訪問しても母が出てこないという。ヘルパーはかなりイライラしている。都会の常として昼間も玄関には鍵をかけているが、母は人が来ると玄関の鍵を開けることができるので、ヘルパーがチャイムを鳴らすと鍵を開け招き入れていたのだ。自分で外に出ることのできない母が、家のなかにいることは確実なので、玄関で待って様子をみるように話した。結局、2階のベランダに出て洗濯物を取り込んでいたことがわかる。洗濯物を取り込み、たたむことは自分の仕事だと思っているらしくやってくれていたのだ。

また居眠りをしていてチャイムに気づかず、扉を開けるのが遅れることも多いようだった。しかし再度、玄関のチャイムを鳴らしても、勝手口の戸を叩いても、母が出てこないことがあった。よほど心配だったのか、ヘルパーの事業所から、今後このようなときは、どうするかの対策を決めてほしいとの申し入れがあった。どうも2階にあがっていると人の来訪に気がつかないらしい。鍵をヘルパーに預けることは家族の合意が得られそうもなかったので、玄関チャイムの機種を変更し、2階にいてもチャイムが鳴るようにした。これでこの問題は解決した。

9 介護保険の矛盾

介護保険が従来の福祉の考え方と大きく異なるのは、福祉の対象が家族単位から個人単位になったことだ。保険料の徴収は個人単位、サービスの提供にあたって基準になるのは、本人の介護程度、つまり心身の状態のみでの判断であり、家族の有無や家族の介護力は問題にされない。これは生活保護が家族単位で提供されるのとは、まったく考え方が違っている。

介護保険のサービスは本人（つまり個人）を対象とする。しかし、生活は通常、家族単位で営まれている。家族全体の生活が成り立つように考慮するのではなく、家族から切り取った要介護者（介護を受ける本人）だけの援助を行うのである。これでは単身の人はともかく、家族と同居の人においては矛盾が出てくる。もっとも自治体によっては、家族がいればホームヘルパーの生活援助は与えないという自治体もあるが、これは介護保険の趣旨に反している。

わが家では母の安否確認と昼食援助のためにヘルパーに来てもらったが、家族がいるということで微妙な場面を経験したことがある。たまたま仕事の都合で、私が昼食時に家にいることがあったが、このようなとき母と同じものを食べることはできない。もし一緒に食べる場合、母と私の食事を別々に準備するわけにもいかないし、といって私の分までをヘルパーに頼むことはできないので、結局、私が2人分の準備をした。片づけも微妙だ。結局、私が全部せざるをえないのだが、そうするとヘルパーはすることがなくなり困ってしまう。なんとも変な感じになり、結局それからは一緒に食べることをはばかって、私はそそくさと出かけることにした。

これが本格的な生活援助、つまり買い物、調理、掃除、洗濯などになったら、家族に関するものと要介護者のものと、どのように区別するのかは難しいところである。また、ヘルパーに家のなかのどの場所まで入ってもらうかも微妙な問題であった。わが家の場合、ヘルパーはダイニングキッチン兼リビングで活動してもらった。わが家の間取りは一人ひとりの部屋がきっちりと独立しているので問題はなかったが、普通の日本家屋の間取りの家であれば、家族と要介護者の生活空間の区別は難しく、問題になることが多いのではないだろうか。細かいことのようだが、生活は家族全体で営んでおり、実態としては個人単位にはなりきれないのである。

ある日、連絡帳に書いてあるその日の母のおかずが冷蔵庫になかったという事件があった。そのときはヘルパーが冷蔵庫のなかのものをみつくろって準備してくれたのだが、夜になって、大学生の孫がおばあちゃんの昼ごはんと気づかずに食べてしまったことがわかった。これは笑い話で済んだが、家族のなかでひとりだけの生活を切り取るのはなかなか難しい。母はこのとき「なんでも食べるから気にしないでね」と言って、ヘルパーをねぎらったようだ。

10 92歳　夏〜秋

6月に入り、母は元気に92歳の誕生日を迎えた。イタリアンレストランを予約し、仕事で遠くにいる2番目の孫以外、一番上の孫夫婦、一番下の孫、兄夫婦、私が集合し、イタリアンのコース料理を味わった。レストランの入り口まで4〜5段の階段だが、支えてのぼれた。入口を入ると、石づくりのちょっとしゃれた空間になっていた。母は日本食より、ちょっと濃厚な洋風なものや中華を好む。このときも食欲をだして食べてくれた。孫夫婦からは花束が贈られた。嬉しいことに当夜はテノール歌手の独唱という出し物があった。「帰れソレントへ」「オンブラ・マイ・フ」を歌ったのであるが、これは母の心にも残ったようで、翌日のヘルパーに話したという。母がよく覚えていたものだと感心した。

認知症でも本人にとって楽しいこと、強い刺激になることは覚えていることもある。単調な毎日のなかでよい刺激になったのであろう。家にひきこもって暮らしている人にとって、ちょっと変化をもたらす楽しいイベントづくりと、そのなかで主役になることは大切である。次はどんな仕掛けをつくろうか、涼しくなったら歌舞伎に行こうか、デパートで買い物をしようかなどと考えるのも楽しみであった。

ヘルパーに入ってもらった1月から春にかけては、母は元気いっぱいであったが、6月になり梅雨の気候のせいもあるのか、ヘルパーの記録からは、母は鼻水が多かったり、昼食を出してもテーブルにうつぶせて眠ることが多くなっていった。

弱くなってきたなと心配していると、夏に入り急に元気で意欲的になり、ヘルパーを待たずに食事をしたり、洗濯してめちゃめちゃに干したり、ヘルパーのお茶まで準備をしたり、ときには車庫までヘルパーを迎えに行くこともあった。

自分でお茶を淹れ、熱いお茶の入ったコップをひっくりかえして火傷をしたのもこの頃である。このときは、私が夕方帰宅すると自分でバケツにお水を入れて冷やしており、大事には至らなかった。そのような判断力と行動力がまだあり、きちんと対処できたことを嬉しく感じた。

夏になると暑さ対策が重要になってくるが、エアコンのスイッチを自分で入れることができないので、リビングの温度は28度に設定しておくことによって、母は熱中症にもならず快適に過ごせた。暑さ寒さのような環境調整は体調に直結する。介護者側が考えるべき重要な事項である。

元気そうな日々のなかでも状態の上がり下がりがあった。夏の終わりにはヘルパーを玄関まで迎えに行き、リビングに帰ろうとくるりとまわったのはいいが、バランスを失ったまま、そばにある階段に座り込んでしまい、しばらく動けないことがあったようである。

そうかと思うと、急に庭に出て草むしりまでやった日もあった。庭に出るには、狭い塀と家の間を抜けなければならず、一部塀が低くなっている所があり、へたをすると外の道まで転げ落ちるという危険もあった。よくぞ無事だったと私をヒヤリとさせた。

突然アッと思うことをやってくれ、まったく油断ならないが、私たちは、それはそれで困るというより、「おばあちゃんもやってくれるではないか」と愉快な感じで受けとめていた。ヘルパーの記録を読むと、自分の描いた絵を2階から取り出してきて見せたり、読んでいる週刊誌の内容を話したりと、母は積極的に話題を提供しているようだった。内容は大好きなファッションのこと、お花のこと、週末に私と行くスーパーの品ぞろえのこと、以前に行った外国旅行のことなどバラエティがあるようだった。

ヘルパーが来ることが自然に思えるようになり、だいたいの時間もつかめたらしく、ヘルパーが来ると「あら、もうそんな時間なのね」などと言ったり、洗濯をしようと洗濯機に取り組むが、うまくいかずに困っていたところにヘルパーが到着、自分から「うまくいかないの」とヘルパーを頼りにしたり、かなり気持ちのつながりができてきたことがうかがえた。

母もヘルパーの仕事が少しわかったのか「よそのお年寄りはどうなの?」と質問したり、「寝たきりにならないためには、何でもします」と言っていたとのこと。自分の心の内を話すようになり、人間関係が深まっていったようである。

11 転倒して骨折

おだやかな暮らしは続いていた。心身の状態も目立って変わらないといえばいえるのだが、それでもだんだんに外出をおっくうがるようになってきたし、スーパーのなかを歩くのも大儀になり、ベンチに座って眺めていることも増えた。それでも私は、なるべく外に連れ出すようにした。

スーパーに誘っても母の気が向かないときは、ドライブに行った。孫のアルバイト先のガソリンスタンドで、孫が働いているのを車窓から眺めるのが、母の一番の楽しみであった。高齢になると孫の成長を実感することが、何よりの喜びらしい。

ただ精神的には、おやと思わされることが、ときに起こった。着替えがうまくいかず上着の上に下着をつけたり、上着の袖をズボンと勘違いしてはいてみたりと、認知症の一つの症状である失行が始まった。失行とは、運動マヒなどがないにもかかわらず、今まで行っていた日常の生活動作ができなくなることをいう。また、「天井を大きな虫が這っている」と幻視らしいことを口にすることもあった。さらに、「財布がどこかへいった」とか「お金が少ししか入っていない」などと言うことが出てきたのである。

しかし、兄たちを含めて家族みんなで「そうか、そうか」と話を聞いてあげたり、財布は一緒に探してあげたりしていた。お金が少ないと言うときには、「じゃあ、もっと入れといてあげるね」など答えると、そうかと納得し、特に困るということはなかった。

そんなおだやかな暮らしのなか、10月30日には久しぶりに池袋のデパートにショッピングに行くことにし、デパートに車いすの用意も頼んでおいた。

その楽しみは、連続して鳴るチャイムによって中断された。

外に出たところ、母が門の前に倒れているではないか。お隣の奥さんが気づき、あわてて知らせてくれたのだった。助け起こそうとしたが、痛がっており、すぐにこれは骨折と察することができた。家には幸いにも大学生の一番下の孫がいたので、手伝ってもらって家のなかに寝かせ、急ぎ救急車を呼んだ。母は、1駅先にあるA総合病院に運びこまれた。

レントゲンの結果は左大腿骨頸部骨折であった。兄夫婦もすぐに駆けつけ、医師より説明を聞いた。翌日には手術が決まり、術後にリハビリを行えば、2、3週間で退院できるだろうとのことであった。母本人も、大変なことをしてしまったという自覚があり「大変なことになったわね」と言っていた。

これが、母が正気で話した最後の言葉になってしまうとは、思いもよらなかった。

Column 1

介護保険制度の仕組み

介護保険制度は2000年から実施された社会保険制度の一つで、それまでの公費を使い行政が主体となって行ってきた措置制度とは異なり、利用者はサービス提供者と契約することでサービスを使う仕組みになっている。

保険者は市町村である。財源は公費半分、40歳以上の人から集めた保険料半分である。保険料は65歳以上の人は概ね年金から天引され、40歳～64歳までの人は医療保険料と一括して徴収される（図1）。

65歳以上の人については、介護

図1 保険料の負担について

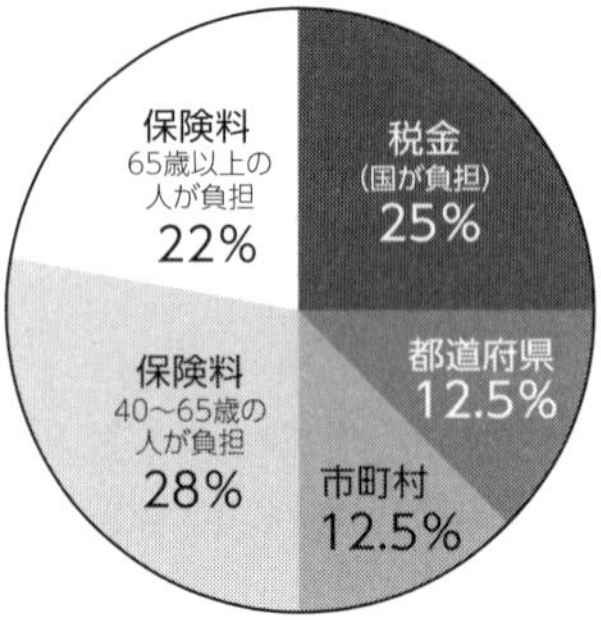

表2　介護保険法で定める特定疾病

①がん（医師が一般に認められている医学的知見に基づき回復の見込みがない状態に至ったと判断したものに限る）	⑨脊柱管狭窄症
②関節リウマチ	⑩早老症
③筋萎縮性側索硬化症	⑪多系統萎縮症
④後縦靭帯骨化症	⑫糖尿病性神経障害、糖尿病性腎症及び糖尿病性網膜症
⑤骨折を伴う骨粗鬆症	⑬脳血管疾患
⑥初老期における認知症	⑭閉塞性動脈硬化症
⑦進行性核上性麻痺、大脳皮質基底核変性症及びパーキンソン病	⑮慢性閉塞性肺疾患
⑧脊髄小脳変性症	⑯両側の膝関節又は股関節に著しい変形を伴う変形性関節症

が必要になったときには介護度を認定のうえで介護サービスを利用することができ、40歳～64歳までの人は16の特定疾病（表2）によって介護が必要になったときに、やはり介護度を認定のうえ介護サービスを利用する。

介護保険を利用するには

介護保険を利用するには、まず市町村の担当窓口に申請する。市町村から認定調査員が自宅にやってきて心身の状態を調査、主治医からは意見書をもらいそれを基に介護度が判定される。軽いほうから非該当（自立で介護保険には該当しないという意味）要支援1、2、要介護1、2、3、4、5である。介護度によって支給の限度額が決められている。介護度が軽ければ安く、介護度が重ければ高くなっている。介護度が重ければ、それだけ多くの額が使えるのだが、介護保険には1割または2割の自己負担があり、多くのサービスを利用すれば、それだけ自己負担額も多くなる仕組みになっている。

介護サービスの価格は、サービスごとに単価が決められており、（介護報酬という）その1割または2割が利用者負担ということになる。医療保険で1割とか3割の自己負担があるのと同様である。

サービスを利用するにあたっては、ケアプランを作成しなければならない。要介護の人はケアマネジャーに、いつ、どのようなサービスを、どのぐらい利用すればよいかというケアプランを作成してもらい、それに沿って事業者を選択しサービスを利用する。ケアプランは自己作成することもできる。ケアマネジャーの事業所はもよりの市町村か地域包括支援センターで紹介してもらう。

要支援の人は地域包括支援センターでケアプランを作成してもらう。

ケアプランを作成するとサービスを利用することができる。ケアマネジャーにサービス提供事業者を紹介してもらい、双方が合意すれば契約しサービスを利用する。施設サービスを利用する場合は直接本人・家族が施設に申し込む。入所してからケアプランにあたる施設サービス計画を作成する。なお施設サービスは要支援の人は利用できない。

介護サービスの種類としては、自宅などに住み外部から介護サービスだけを導入する居宅サービス（表4）（在宅サービスともいう）と入所して住まいとサービスが一緒に提供される施設サービス（表3）とに大別される。そのほかの分類方法として、都道府県が指定・管理を行うサービスと市町村が指定・管理を行う地域密着型サービス（表5）に分けることもできる。地域密着型サービスは原則として、その市町村の住民が利用する。

表3　介護保険制度における施設サービス

サービスの種類	サービスの内容
介護老人福祉施設	老人福祉施設である特別養護老人ホームのことで、寝たきりや認知症のために常時介護を必要とする人で、自宅での生活が困難な人に生活全般の介護を行う施設
介護老人保健施設	病状が安定期にあり、入院治療の必要はないが、看護、介護、リハビリを必要とする要介護状態の高齢者を対象に、慢性期医療と機能訓練によって在宅への復帰を目指す施設
介護療養型医療施設	脳卒中や心臓病などの急性期の治療が終わり、症状が安定期にある要介護状態の高齢者のための長期療養施設であり、療養病床や老人性認知症疾患療養病棟が該当する

出典『国民の福祉と介護の動向　2016/2017』

表4　介護保険制度における居宅サービス等

サービスの種類	サービスの内容
訪問介護（ホームヘルプサービス）	ホームヘルパーが要介護者の居宅を訪問して、入浴、排せつ、食事等の介護、調理・洗濯・掃除等の家事、生活等に関する相談、助言その他の必要な日常生活上の世話を行う
訪問入浴介護	入浴車等により居宅を訪問して、浴槽を提供して入浴の介護を行う
訪問看護	症状が安定期にあり、訪問看護を要すると主治医等が認めた要介護者について、病院、診療所または訪問看護ステーションの看護師等が居宅を訪問して療養上の世話または必要な診療の補助を行う
訪問リハビリテーション	症状が安定期にあり、計画的な医学的管理の下におけるリハビリテーションを要すると主治医等が認めた要介護者等について、病院、診療所または介護老人保健施設の理学療法士または作業療法士が居宅を訪問して、心身の機能の維持回復を図り、日常生活の自立を助けるために必要なリハビリテーションを行う
居宅療養管理指導	病院、診療所または薬局の医師、歯科医師、薬剤師等が、通所が困難な要介護者について、居宅を訪問して、心身の状況や環境等を把握し、それらをふまえて療養上の管理および指導を行う
通所介護（デイサービス）	老人デイサービスセンター等において、入浴、排せつ、食事等の介護、生活等に関する相談、助言、健康状態の確認その他の必要な日常生活の世話および機能訓練を行う
通所リハビリテーション（デイケア）	病状が安定期にあり、計画的な医学的管理の下におけるリハビリテーションを要すると主治医等が認めた要介護者等について、介護老人保健施設、病院または診療所において、心身の機能の維持回復を図り、日常生活の自立を助けるために必要なリハビリテーションを行う
短期入所生活介護（ショートステイ）	老人短期入所施設、特別養護老人ホーム等に短期間入所し、その施設で、入浴、排せつ、食事等の介護その他の日常生活上の世話および機能訓練を行う
短期入所療養介護（ショートステイ）	病状が安定期にあり、ショートステイを必要としている要介護者等について、介護老人保健施設、介護療養型医療施設等に短期間入所し、その施設で、看護、医学的管理下における介護、機能訓練その他必要な医療や日常生活上の世話を行う
特定施設入居者生活介護（有料老人ホーム）	有料老人ホーム、軽費老人ホーム等に入所している要介護者等について、その施設で、特定施設サービス計画に基づき、入浴、排せつ、食事等の介護、生活等に関する相談、助言等の日常生活上の世話、機能訓練および療養上の世話を行う
福祉用具貸与	在宅の要介護者等について福祉用具の貸与を行う
特定福祉用具販売	福祉用具のうち、入浴や排せつのための福祉用具その他の厚生労働大臣が定める福祉用具の販売を行う
居宅介護住宅改修費(住宅改修)	手すりの取り付けその他の厚生労働大臣が定める種類の住宅改修費の支給
居宅介護支援	在宅の要介護者等が在宅介護サービスを適切に利用できるよう、その者の依頼を受けて、その心身の状況、環境、本人および家族の希望等を勘案し、利用するサービス等の種類、内容、担当者、本人の健康上・生活上の問題点、解決すべき課題、在宅サービスの目標およびその達成時期等を定めた計画（居宅サービス計画）を作成し、その計画に基づくサービス提供が確保されるよう、事業者等との連絡調整等の便宜の提供を行う。介護保険施設に入所が必要な場合は、施設への紹介等を行う

出典『国民の福祉と介護の動向　2016/2017』

表5　介護保険制度における地域密着型サービス

サービスの種類	サービスの内容
定期巡回・随時対応型訪問介護看護	重度者をはじめとした要介護高齢者の在宅生活を支えるため、日中・夜間を通じて、訪問介護と訪問看護が密接に連携しながら、短時間の定期巡回型訪問と随時の対応を行う
小規模多機能型居宅介護	要介護者に対し、居宅またはサービスの拠点において、家庭的な環境と地域住民との交流の下で、入浴、排せつ、食事等の介護その他の日常生活上の世話および機能訓練を行う
夜間対応型訪問介護	居宅の要介護者に対し、夜間において、定期的な巡回訪問や通報により利用者の居宅を訪問し、排せつの介護、日常生活上の緊急時の対応を行う
認知症対応型通所介護	居宅の認知症要介護者に、介護職員、看護職員等が特別養護老人ホームまたは老人デイサービスセンターにおいて、入浴、排せつ、食事等の介護その他の日常生活上の世話および機能訓練を行う
認知症対応型共同生活介護（グループホーム）	認知症の要介護者に対し、共同生活を営むべく住居において、家庭的な環境と地域住民との交流の下で、入浴、排せつ、食事等の介護その他の日常生活上の世話および機能訓練を行う
地域密着型特定施設入居者生活介護	入所・入居を要する要介護者に対し、小規模型（定員30人未満）の施設において、地域密着型特定施設サービス計画に基づき、入浴、排せつ、食事等の介護その他の日常生活上の世話、機能訓練および療養上の世話を行う
地域密着型介護老人福祉施設入所者生活介護	入所・入居を要する要介護者に対し、小規模型（定員30人未満）の施設において、地域密着型施設サービス計画に基づき、可能な限り、居宅における生活への復帰を念頭において、入浴、排せつ、食事等の介護その他の日常生活上の世話および機能訓練、健康管理、療養上の世話を行う
看護小規模多機能型居宅介護	医療ニーズの高い利用者の状況に応じたサービスの組み合わせにより、地域における多様な療養支援を行う
地域密着型通所介護	老人デイサービスセンター等において、入浴、排せつ、食事等の介護、生活等に関する相談、助言、健康状態の確認その他の必要な日常生活の世話および機能訓練を行う（通所介護事業所のうち、事業所の利用定員が19人未満の事業所。原則として、事業所所在の市町村の住民のみ利用）

注　「看護小規模多機能型居宅介護」は、従来、「複合型サービス」と称していたが、平成27年度介護報酬改定において名称が変更された。

出典『国民の福祉と介護の動向　2016/2017』

第2章

入院のダメージ

高齢者にとって骨折が与えるダメージの大きさは聞いていたので、ある程度の機能低下は覚悟していた。しかし、身体的な衰えで寝たきりになるだけではなく、精神的にも決定的なダメージを受けるとは想定していなかった。母の場合、認知症の状態は骨折前後ではまるで断崖絶壁から落ちたような変化だった。ここでは、一般病院での約2か月と、その後の転院先探しの様子、引き続き入院した病院での70日を経て、老人保健施設へ落ち着くまでを描きたい。

1 精神症状の激変

10月31日の午前、左大腿骨頸部骨折の手術が行われた。このとき母は92歳だった。日中は兄が付き添い、私は仕事を終えて夕方病院に行った。母は管だらけになって病室で寝ていた。

兄の話によると意識状態が悪く、不穏で、周りのものを手でつかんだり、振り払ったりで大変だったそうだが、私が行ってからも同じ状態で眠ってくれない。面会時間が過ぎたので、眠るのを見届けることなく辞去する。

医師に聞くと、認知症のせいで昨夜から精神状態がおかしくなったということだった。ストレス下で認知症の症状が強く出たのだろうと思われた。一番上の孫、2番目の孫からも電話があり見舞いに行くとのこと。母はとても孫を可愛がっていただけに、こういうときに孫が心配してくれるのを心強く思う。

病院は、私の勤務先と自宅の中間にあった。次の日から勤務との兼ね合いをみながら、出勤前、退勤後などなるべく1日2回、朝、昼、夕を問わず行けるときには病院に通った。母は意識状態が悪く錯乱状態が続き、私のことをわかったり、わからなかったりであり、幻覚があるようで支離滅裂なことを口走っていた。また、ベッドの上で身体をあちこちと動かしもがいており、話しかけても応答も難しく、おかゆと刻み食を介助してもなかなか食べてくれないことが多く、水分はむせて飲ませるのが難しい。このような状態がずっと続いた。

それでも点滴やバルーンカテーテルが外れた5日目には、気持がよいのか久しぶりに落ち着いてよく眠ってくれた。バルーンカテーテルなどは自分で取ろうとするので、取られる前に外したという説明があった。精神状態が不穏であることは続いたが、手術は成功であり手術後の傷の回復はよいので、リハビリを始めるとのことで、リハビリ用の靴を購入した。しかし、医師より、精神状態が悪いためリハビリになりそうにないこと、また、母は気が向くと歩くのでリハビリの必要もないと言われ、退院は入院から2週間半ぐらいの11月18日になるという話である。たしかに面会中も私が車いすでトイレに連れて行くことがあったが、まったく立つこともできないときと、案外しっかり立てるときとがあった。

精神的に少し落ち着いているときを見はからい、母に退院の話をすると理解したようだった。というのは、紅茶を買って飲もうかと提案すると、「もう帰るから、家で飲めるからいい」と応じたのだ。退院直前まで日常生活動作（ＡＤＬ）は全介助であり、精神的にはたまに落ち着くこともあったが、概ね不穏状態であった。しかし、私には退院して自宅に戻るのは当たり前のことで、他の病院に転院させるなどということは微塵も考えなかった。ときおり母が見せるしっかりした様子から、この状態は骨折、入院、手術といった初期のショック状態によってもたらされたもので、時間が経てばある程度は回復するだろうという楽観的な気持ちがあったのだ。

退院するにあたり、まず介護認定の更新を行った。これは調査員が病院まで来てくれることになった。たぶん要介護５だろうと思われ、ＡＤＬ全介助を想定し、在宅生活に向けて退院準備を始めた。

家族で相談した結果、ちょっと狭いが空いている１階の子ども部屋に入ってもらうことにした。部屋の準備は兄夫婦が行い、せめてもとカーテンだけは新調した。

退院の１週間前の11月12日、ケアマネジャーに来てもらい、在宅介護の介護サービスについて打ち合わせた。電動ベッド、車いす、ポータブルトイレの貸与を受けることにし、11月17日の土曜日に納品してもらう。わが家は一家総働きなので、母がひとりになる昼間をカバーするために、ホームヘルパーは火曜～金曜まで１日８時間入ってもらうことにする。そうなると介護保険の限度額を超過するため、超過部分は自己負担になる。１日１万８千円かかり、２週間で約25万円になることがわかる。ケアマネジャーは経済面を大いに心配してくれたが、やむを得ないことだった。

この他、朝霞市の単独事業のおむつ支給と通院時の移送サービスを依頼する。入浴も自宅の風呂場では無理なので、入浴サービスを使うことにするが、医師の意見書が必要とのことで、後日、決定ということになる。

翌日の11月13日、ケアマネジャーより電話があり、ベッドなどの介護用具の搬入は、土曜日はできないとのことで、私が何とか家にいられる金曜日午前10時に変更した。また朝霞市の調査員より、翌日10時30分に介護認定の調査に病院に行くと連絡があった。夜は主治医と会う。いろいろな人と会い、さまざまな打ち合わせや手続きを仕事と毎日の病院への面会の合間をぬってこなしていくのは大変であった。私自身の体力もけっこう消耗した。

16日、退院の２日前には、電動ベッド、ポータブルトイレ、オーバーベッドテーブル、車いすの搬入あり、一つひとつ使用方法について長ながとした説明があり、説明が済むと承諾のサインを求められ、実に時間がかかり疲れてしまった。それでも、夜間には翌日に備えてベッドメイキングを済ませておく。

2 つかの間の在宅生活

11月18日の午後、退院。兄の車で、帰りにいつものクリーニング店に立ち寄り、汚れたカーディガンや毛布を出す。見慣れた風景のなかを走っても記憶がないのか、特に懐かしいとも思っていないようだ。ただ、家の門を入るときに、門に隙間があるのを見つけて、「直さなければ」ともっともなことを言っていた。

家に着くなりすぐにベッドに入り、すやすや眠った。ときどき目覚め、「芙美子、芙美子」と大声で私を呼ぶ。夕食は食堂で家族全員で食べたが、母は病院からもらった退院祝いのお赤飯をほんの少し口にしたのみだった。

夜10時過ぎに就寝準備、なかなか眠ってくれず、私がベッドの足元に布団を敷いて一緒に寝ると、安心したのかぐっすりと眠りについた。認知症の人は、慣れ親しんだ信頼できる相手がそばにいて、弱くなった記憶を補う手伝いをしてくれる状態であれば安心するのだ。

翌19日は、午前中に介護保険制度上ではサービス担当者会議という介護サービスの関係者の打ち合わせを行う。ケアマネジャー、ヘルパー、地域包括支援センター職員、福祉用具事業者が集まり、母の介護サービスについて話し合う。母の状態は認知症で寝たきりで、不穏状態であり、しかも昼間独居なので、介護としては重介護である。

お金もかかるとのことなので打ち合わせも綿密となり、一つひとつの項目にわたって話し合い決定し、それを承諾しては書類に署名、捺印を行う。私の場合は、多少なりとも介護保険制度などの知識があるのでよいが、一般の人だったら用語自体が難解で理解するのは大変なことだろう。介護保険は「契約」なので、事業者は説明責任をはたし、本人や家族がそれに同意し、書類を整えれば、あとは本人なり家族の自己責任になるのである。

このときの母の受けた（正確には受ける予定だった）サービスの全体像は表6のとおりである。

この日も母はベッドで休ませても眠らず、午後にはテレビで相撲をちょっと見た。まだ落ち着かないらしく、しきりにトイレを訴え、昼間だけでも12回ポータブルトイレにかけさせる。不安のためか身体的接触を求めているのか、とにかく母の望むように行うが、こちらもいささかグロッキーぎみである。

夜は驚いたことに、眠れないと言って2回も自力で廊下に出てきた。考えてみると、トイレへの移乗の際の立位はずいぶんしっかりしてきている。トイレの後のズボンも手を出し自分でひっぱり上げようとする。しかし夜間は大声で騒ぎ、私が添い寝することで落ち着いた。身体をくっつけて添い寝をすると安心するらしい。いったん眠りに入ると朝まで寝てくれるので助かる。

翌11月20日は、はじめて昼間ヘルパーと2人で過ごした。割に落ち着いて過ごした様子だった。ヘルパーは、介護の専門職だけに、私にてきぱきとバケツやタオル、洗濯物干しなどの必要物品そろえるように言いつけ、上手に介護してくれている様子だった。勤務を終え飛ぶように家に帰り、ヘルパーより引き継ぐ。

表6　退院後のケアプラン

第 1 表

【 居宅サービス計画書（1） 】

作成年月日
印刷日

初回 ・紹介´・継続　　認定済・申請中

利用者名　　　　様　生年月日　　年　月　日 住所

居宅サービス計画作成者氏名

居宅介護支援事業者・事業所名及び所在地

居宅サービス計画作成（変更）日　平成　年　月　日　初回居宅サービス計画作成日　平成　年　月　日

認定日　　年　月　日　認定の有効期間　　年　月　日～　　年　月　日

要介護状態区分	経過的要介護 ・ 要介護1 ・ 要介護2 ・ 要介護3 ・ 要介護4 ・ 要介護5
利用者及び家族の生活に対する意向	本人：よくわからない。 家族：自宅での生活を継続していきたいが、今後に不安を感じている。状態の変化に合わせて介護サービスを利用していきたいと考えている。

第 2 表

【 居宅サービス計画書（2） 】

利用者名　　　　様

生活全般の解決すべき課題（ニーズ）	目標 長期目標	（期間）	短期目標	（期間）	援助内容 サービス内容	※1	サービス種別
自宅で一人でいることに不安を感じている。	安心・安全を確保し、穏やかに毎日をおくる。		ご家族不在時を安心して過ごせる体制をつくる。		（介護保険のサービス） ・オムツ交換、p／t介助、更衣、移動介助、ベットメイク、見守り	○	訪問介護
美味しいご飯が食べたい	食事をきちんと取ることで、生活にリズムをつける。		少食のため、栄養面を管理していく。		（家族） ・朝・夕食の準備、食材の購入 （介護保険のサービス） ・調理・後片付け	 ○	家族 訪問介護
下肢の動きに制限があるが、移乗移動をスムーズにしたい。	自宅内の動線を考え、安心安楽に生活できるようにする。		環境整備		（介護保険のサービス） ・ベット、付属品、車椅子、p／t	○	福祉用具貸与
病気の進行を、少しでも送らせたい。	疾病を管理したい。		定期的に通院する。		（介護保険のサービス） ・移送サービス （介護保険以外のサービス） ・診察・検査・薬剤の処方 ・通院介助・検査介助・薬剤管理	○	訪問介護 病院 家族
今後の不安を少しでも解消したい	ご本人・ご家族の思いを形にしていく。		安心して相談できる体制をつくる		（介護保険のサービス） ・相談・助言	○	居宅介護支援
お風呂に入りたい	入浴により心身共にリラックスする		安全に入浴する		（介護保険のサービス） ・入浴介助・バイタルチェック	○	訪問入浴

3 心筋梗塞

その日の夜8時近くのことだった。母が胸の苦しみを訴えたのであわてて兄に連絡し、家に帰ってもらい、兄の運転で退院したばかりのA総合病院に駆けつけた。心電図やレントゲンの結果、医師から状態があまりよくないので、もっと大きな病院に行くようにと告げられ、転送先を探すので待つように言われた。待合室で点滴をしながら待ったのだが、母はよほど不安だったらしく5分おきにトイレを訴え、終いには車いすに座ったままトイレの前に陣取って待つことになった。6時間近くかかり夜中の2時過ぎにやっと転送先が決まり、救急車で国立S病院の救急外来に行った。

S病院ではベッドを空けて待っていてくれたのだが、その頃には症状が治まっており、入院するかどうかは、本人・家族の希望次第だと告げられた。母に意思を確認すると家に帰りたいと言うので、明け方の5時頃家に帰ってきた。母は結局この日は眠らないで過ごしていた。

次の日の昼は昨日寝ていないにもかかわらず、ベッドに誘導しても寝ないことが続いていたようである。ヘルパーは、食事をおかゆと刻み食にする、全身清拭する、排せつ介助、背中をマッサージする、部屋から部屋に車いすを押して気分転換をするなど、専門家らしくとてもよく世話をしてくれた。夜はさすがにぐっすり寝てくれる。

私は、仕事帰りに母のかかりつけの医師に急変時の対処方法を聞きに行った。昨日の一件で母は、かなり危険な状態であると思ったのだ。

11月22日の昼間はヘルパーと機嫌よく過ごす。トイレの回数も少なく落ち着いており、会話も成立し、週刊誌を見たり、お茶を飲んだり、雑談していたが、夕方近くなると、娘の帰りを大変気にしていたとのこと。家族が帰宅してからの反応もとてもよく、以前の母に戻ったかのようである。骨折後のショックはやわらいできて、少なくとも骨折前の状態に戻りつつあることがわかり、この状態が続けば在宅生活の継続も可能だと嬉しく感じていた。

ところが就寝後の11時30分頃、大きな唸り声に母の部屋に駆けつけると、大層苦しんでいる。すぐに救急車を呼び、2日前にかかった国立のS病院の救急外来に駆け込む。救急車が救急外来前に着くと、さっとドアが開き、光に吸い込まれるように大勢の人に取り囲まれ母は救急外来に担ぎ込まれた。兄と私は救急外来の前で待っていたが、やがて母は集中治療室に運ばれていった。心筋梗塞との診断である。

運ばれていく母を見送っていると、母が私たちの手の内からもぎ取られ、永遠に引き裂かれるような気がして涙がこぼれた。何の説明もなく母とも会わせてもらえないまま入院の書類を記入しただけで、夜中の3時に我々は帰宅した。

翌日は大忙しであった。ヘルパーの派遣についてとりあえず1週間分の断りを入れる。ケアマネジャーからは入浴サービスが朝霞市では確保できないが、隣の和光市で夜1回だけ取れたとの連絡もあったが、これも断る。

兄、大学生の孫、私が一緒に午前、午後、夕方と3回病院に面会に行く。母は痛みは鎮痛剤で落ち着いているとのことで、点滴をしながら電動ベッドを起こして座っていた。「座りっぱなしで腰が痛い。テレビ一つなく何もすることがない」と退屈がっていた。「もう死にたい」と言う。前回の入院に比べて、会話はかなり明瞭だった。

集中治療室は広い大きな部屋にいくつものベッドが置かれ、終日煌々と照明がつき、真ん中にたくさんのディスプレイがあり、患者さんに付けた計器のモニターが行われ、患者が安心して寝ていられる環境からはほど遠かった。私たちがあまりにしげしげと面会に行ったために、看護師から「ここはそんなに大勢で頻繁に来るところではない」と叱られてしまった。

4 転院先探し

入院より3日目、ありがたいことに集中治療室から一般の病室に移されていた。夕方に面会に行くと目を覚ましていたが、朦朧としており「私は悪いことなんにもしていない」「嫌ですよ、病気は」「早く治りたい」「貴志」「哲ちゃん」と大声で孫の名前を呼ぶなど、いろいろなことを口走っていたが、しばらく背中をなでていると寝入ってくれた。こういう場合、スキンシップは効果的だ。

一般病棟に移ると、面会時に医師より、さっそく「落ち着いたらどうされますか?」と聞かれる。つまり家に引き取れるかどうかという打診である。発病したばかりで、食事も摂ることができず、体力も落ち、精神的にも落ち着かないなかで、家に引き取ることは考えられもしなかった。

そこで、入院5日目にして、次の病院探しが始まったのである。

母の状態は病気そのものより全身状態が悪く、食事もゼリー食を少量でも食べられるかどうかで、水分はむせるためトロミをつけてもダメでお茶ゼリーを少々摂る程度、頻繁に吸引、点滴、酸素吸入を行っていた。精神面は日によって違いが大きく、意識清明で気分がよいときにはかなりの言語応答が可能で、かなりの知的レベルが保たれていることがわかった。

入院時の母の状態を私がつけていた記録からみてみたい。

12月1日

今日は目覚めており、落ち着いていた。「お兄ちゃんは?」「出張?」「病気なんかろくなことはない」「家に帰りたい」など言っている。ゼリー状の食事は食べることができたが、水分はトロミをつけても、むせてしまう。帰り際に私が「帰るから」というと「私も帰る」と言われてしまった。

12月2日

母は活気があったが、幻覚も活発で、そばに子どもが寝ているなどと言う。否定せずに、「うん、うん」と話を合わせる。また、週刊誌を見たいと言っている。

12月4日

電動ベッドの背と足元をあげV字状になったなかに、母は座った姿勢で倒れこみ、ベッド柵に身体がひっかかっていた。看護師も部屋に来なかったのか誰も気がつかなかったようである。本人も苦しかったことであろう。あわてて助け上げ、寝かせると「ありがとう、ありがとう」と言いながら眠ってしまった。電動ベッドは注意して使わなければ危険である。

12月5日

割に元気でゼリー食を食べてくれるが、薬は吐き出してどうしても飲まなかった。

12月6日

食事を拒否し、「自分は捕まっている」「他の病院に行く」「家に帰る」「帰って2人でご飯を食べる」などを散発的に口走る。髪を洗ってもらったようでさらさらになっていた。

12月8日

看護師さんに「今日ははっきりしています。みんなが気がつかない間に、自分で起きてきて、ベッドの端に座っていました」と言われた。手を添えると自分でコップを持ち、お茶を飲む。立位が可能かどうか、ベッド脇に立たせてみると、自分では無理で支えが必要だった。やはり「家に帰る」と言っている。

12月13日

髪が伸びてきたので、病院内の美容室でカットとシャンプーをした。美容師も慣れているのであろう。触るだけで壊れそうな母を抱き上げ、シャンプー台に移し髪を洗ってくれた。鏡に映った母の顔は痩せ衰えて、まるでミイラのようであった。でも、髪がきれいになり少しだけ人間らしくなった。食事は、ゼリー状のものを一口二口だけで、ほとんど栄養が入っていないのだ。

12月15日

さっぱりとしたいい顔をしている。お風呂に入ったとのこと。久しぶりのお風呂である。本人は「これで死ぬのかね」「あんたと2人だけになっちゃったね」など言っている。

12月20日

発熱している。誤嚥によるものだという。食事は口から摂れないので、点滴で栄養を入れることになり、頻繁に痰の吸引を行わなければならなくなった。熱が下がり、フルーツゼリーだけを経口摂取するが、すぐまた発熱し中止になる。

医師にこの先どうなるか聞いてみたが、入るエネルギーと使うエネルギーの問題なので、どの程度もつかはわからないとのことだった。つまりは生死は、紙一重の状態であった。それでも心筋梗塞はよくなっているので退院とのことだった。

12月に入ると医師も退院について焦っているらしく、会うたびに「次の場所は見つかりましたか?」と催促されるようになった。病院には医療ソーシャルワーカーもいたがあまり助けにならず、結局は私ひとりで次の病院探しを行うことになった。

退院先を探すようにいわれても、母の状態をどのように考え、次の手をどう打てばいいのか自分としては決められなかった。

私には、医療・福祉関係の友人が多かったので、いろいろな人に相談に乗ってもらった。ソーシャルワーカーをやっている友人は、今の病院にできるだけ長くおいてもらって、老人保健施設に入所することも一つの方法という助言をくれた。また医師をやっている友人からは、嚥下の検査をして、嚥下力がなければ胃ろうも考えてはどうかとのことだった。また言語聴覚士の友人は、嚥下検査や嚥下訓練をするには、病院の何科に受診すべきかなど具体的に教えてくれた。

そういうわけで主治医の紹介状をもって、本人を連れて行くのは困難なので、私だけである高度医療を行う老人専門病院を訪ねたのだが、はっきりいってがっかりするような結果だった。

医師は、かなり非情な態度と直接的な言い方で、「この状態では検査や嚥下訓練をするまでもないし、胃ろうをつけるのは、今までの経験からはそんなにいいことはなかったので、このまま、何もせず死なせてあげなさい」というものだった（この後、母は5年間よい状態で生きることができたのであるが）。

勤務と面会の合間をぬって、あちこちの老人保健施設や療養型の病院を見学に行った。

老人保健施設は、かなり元気な利用者たちがリハビリを行っており、今の母の状態から考えると選択肢には入らないことがわかった。また老人保健施設では介護報酬が一定であり、そのなかで医療費を工面するために、高い薬は使えないようになっている。主治医の書いてくれた、使用している薬の一覧表をソーシャルワーカーがチェックして、「この薬はうちでは使えません」とはじいていくのである。病状からの判断ではなく、金額の問題であり、医師の判断ではなく、医療には素人のソーシャルワーカーが判断するのである。こんなことが、まかり通っていいものかとは思ったが、これが現実なのだった。

療養型の病院も何か所か見学に行った。わが家に近い私鉄沿線一帯の病院である。見学した療養型の病院はどこも、外来はほとんどやっていないらしく、玄関を入ると、空気が違う感じで、水をうったようにしんとしており、生き物がいる感じがしないのである。病室を覗くと、すべての老人たちがベッドの上で、点滴をしながら、寝かされ、声もなく、天井を見ているのである。さながら死の待合室といった様相であった。各部屋には椅子一つなく、色彩がまったくなかった。

それでいて、医療費については診療報酬で決まった法定価格だけでよいが、病院が自由に決められる部屋代などは高額であった。部屋代は個室だと1日1万円が相場であった。そのほかに、衣類は感染症対策で、消毒したものしか着せないという理由で下着1枚私物を使うことは許されず、衣類レンタルと洗濯代が1か月10万円必要とのこと。これでは全体の費用は1か月50万円になってしまうことを覚悟しなければならなかった。職員は身一つで受け入れますと胸をはっていたが、患者からすれば、今まで生きてきた歴史や文化をすべて切り離されて、裸で入院するということであり、人格全体を否定されたようなものである。認識がまったく違うのである。

療養型病棟だけでなく、外来や一般病棟をもつ病院も見学したが、その病院は人の動きがあり、少しは活気があり、見学して救われたような気分であった。しかし、費用面では、この辺りの相場らしく、療養型の病院とあまり変わりはなく高額であった。驚いたことに、応対してくれた職員は、法定外費用については、こちらの懐に応じて値引きできる。お宅もお困りでしょうから、そこは相談だとのことであった。

そのように病院探しをしているうちに、私の苦境を聞きつけた友人たちが動いてくれた。わが家からは少し離れた場所であったが、ある病院を紹介してくれたのである。私はそのH病院を訪問し、医療ソーシャルワーカーに今までの経過を話したところ、ワーカーは実に丁寧に話を聞いてくれ、医師と相談してくれることになった。その後、ソーシャルワーカー、国立病院の主治医、H病院の医師の間でやり取りがあったが、よい感触であり、少し安堵の息をつくことができた。1月4日にはH病院の医師と会い、2週間後に受け入れができるという承諾を得ることができたときは、天にも昇る気持ちであった。

母の状態は波があり、よくなったり悪くなったりの繰り返しであった。身体的には寝たきりであり、身体を起こすことも自分ではできず、食事、排せつなど身の周りはすべて全介助だった。S病院での最後の時期は転院に備えて誤嚥性肺炎を起こさないようにするために、食事はせいぜいフルーツゼリー1個程度を口から食べ、あとは点滴で栄養を補給する程度だったので、母は目立って痩せてしまい、顔や身体全体が一回りも二回りも小さくなり骸骨のようであった。絶えず痰が絡み、頻繁に吸引しなければならず、苦しがった。

精神面でも波があり、不穏になると、私たちと意思がまったく通じなくなった。「そこに子どもがいる」「猫がいる」などの幻覚を訴えることもあった。言語応答も比較的スムーズでしっかりしているときと、まったく話が通じないときとがあった。

しかし、認知症だからまったくわからないということではない。同室の老婦人の患者が騒ぐと、「1日中あんななのよ、うるさいわね」とか、私を見て「あんたも苦労するわね」とか、看護師を見て「痛いことばっかりするけど、ちっともよくならない」など、しっかりとしたことも言っていた。

5 H病院への転院

そのような状態を経て、転院の1月18日をなんとか迎えることができた。H病院はわが家から電車を乗りついで1時間30分かかるが、都会での通勤はこのくらいはふつうなので遠いという感じはなかった。朝霞市の移送サービスを利用したので、費用は2000円ぐらいで済んだ。寝台車の係員は病室に来て、無言でいきなり母を横抱きにし、持ち上げたので、母は急に空中に持ち上げられた感じになり、びっくりして手で空をつかもうとした姿が哀れだった。まったくの物扱いだった。このような仕事をしているのに、ひと言ぐらい声かけができないものかと腹立たしかった。

H病院では医療ソーシャルワーカーが玄関に迎えに来てくれていた。知った顔が出迎えてくれることは心強かった。すぐに病棟に案内され、ベッドに収まった。4人部屋の明るい部屋である。窓が大きく景色もよく見えた。まもなく主治医が来て診察してくれたが、腰部に褥瘡があるとのことだった。

S病院入院中は面会にも頻繁に行き、顔や手足はよく注意してみていたが、腰まで注意がまわらず褥瘡にも気づかなかった。思い出せば、母は明瞭に了解のとれる言葉ではなかったが、言葉を発するなかで「お尻が痛い」と訴えていたことがあったのだ。なぜ、そのとき気がつかなかったかと母に申し訳ない気持ちでいっぱいになった。しかし、この病院では褥瘡専門医が診てくれることになっており、安心した。

昼になるとゼリー状の食事が出た。４皿あった。久しぶりの食事だった。この病院では、誤嚥性肺炎になるのは口のなかの細菌が食べ物と一緒に肺に入るからで、口腔の清潔を保つと肺炎にもなりにくいのだという説明があった。医療行為は看護師が行い、排せつや食事など身の周りの世話はヘルパーが行っていたが、ヘルパーは中年のベテランらしき人が多く、この仕事にプライドをもっていることが、その言動からうかがえた。

また、この病院では衣類は自分の持ち込みを着ることが許されていたことも嬉しいことだった。母はとてもおしゃれで、寝間着一つ、気に入った美しいものを着たいと思う人だ。洗濯は業者が入っており、ベッド脇の洗濯物収集袋に入れておくと、洗濯して戻ってくる仕組みだった。

この日は夕食まで付き添った。点滴は依然行っていた。しかし、あれだけ吸引が必要だったのに、この病院での初日は吸引することもなく落ち着いて過ごせた。

6 老健と特養への入所申請

一方、私は入院のバタバタした気分のなか、同じ法人が運営し、同じ敷地にある老人保健施設と特別養護老人ホームの入所の申請手続きを行った。母は他人からみると、明日をも知れない重篤な状態かもしれないが、私たち家族にとっては大きな存在であり、このままいなくなることは夢想だにできなかった。元のようには戻らないとしても、小康状態で生き抜いてくれるという確信をもっていた。だから病院に転院したばかりでも、もう次の居場所を確保しようと一所懸命だった。

転院の翌日、母は入浴させてもらい、さっぱりした顔で人間を取り戻したようであった。垢で死ぬことはないとはよく言うが、人間としての生活の質を保つためには一定のレベルの状態を維持することが重要である。その意味で入浴し清潔にすることの大切さを、つくづく感じさせられた。

私は車嫌いではあるが、この日は苦労して自分で運転してきたので、その旨を母に話し、「早めに帰る」と言うと、「私も帰る」と言われたのにはまいってしまった。私は勤務終了後とか勤務の間に時間をつくって毎日面会に行ったが、この「帰る」にはたびたび悩まされた。

このH病院で過ごした70日は、S病院での生死紙一重だった状態から脱出し、少しずつ体力が回復していく時期であった。もちろん病院なので医師や看護師の管理のもとであったし、まだまだ微熱を出すこともあり、最初の時期は点滴を引っこ抜くので防止のためにミトンをはめられることもあった。

しかし、H病院の丁寧なケアの力は大きかった。最初の頃は寝たきりであり、自分で身体を起こすこともできず、排せつはおむつであった。嬉しいことに毎週2回は入浴させてくれたので、母はすっかりきれいになった。食事はゼリー状で色とりどりにきれいにお皿に盛りつけたものを、介助してもらい食べていた。微熱を出すたびに誤嚥性肺炎になるのではと心配したが、いつももちこたえるのだった。やはり口腔ケアがよかったらしい。

母はケアをされることへの抵抗はまったくなく、指示にも素直に応じていた。

体力がついてきた頃、点滴も必要がなくなりミトンでの拘束はお終いとなり、母は自由の身となった。精神的にものびのびでき、本当によかった。もっともそこが認知症なので、精神状態は日々刻々と変化しており、すっかり自分の世界に入り込んで了解不能になるときもあるが、そうでないときは本当にいろいろなことを理解しているようだった。

7 リハビリの効果

入院から1週間もすると、まだ点滴は行っていたが、リハビリテーションが始まった。母はPT（理学療法士）にとても立派に挨拶の言葉を述べた。このように習慣として身についているものは失われないのだと感心した。リハビリは、ほぼ毎日のように理学療法と作業療法を行うことになっていた。

リハビリの時間と私の面会時間が合うことが少なく様子がつかめないので、作業療法後の母に何をやったか聞くと、内容を答えることはできなかったが「私は大したことやっていないのに、いい、いいと褒めるのよ」と言っていた。

この日は午後にはPTが来たので、訓練室まで同行し、リハビリを見せてもらう。まず、車いすから平行棒の端に置いた椅子に移してもらう。そして平行棒をつかみ、立ったり座ったりを行う。そのあと平行棒の間を歩いてみましょうという課題である。平行棒内の端から1メートルたらずのところに椅子を置き、そこまでを歩くのである。驚いたことに平行棒につかまりPTに支えられ、前のめり、すり足で足を1歩、2歩と出し、往復できたのである。思わず拍手してしまった。そのあと、ボール投げなど行う。母がリハビリに気をとられている間に抜け出したのだが、その日の帰り道は私もルンルン気分であった。

リハビリは本当に効果があった。おむつ交換の際、車いすからベッドに移るのであるが、ヘルパーの腰に腕を回してしっかりとしがみつき、1歩2歩とベッドまで歩いたのである。ヘルパーたちもリハビリという意識があったのか訓練室で行ったことを実践していた。またある日の昼食は、PTが母にスプーンを持たせて自分で食べ物を口に運ぶ練習をさせていた。

2月にはいったある日、母は素晴らしいところを見せた。夕食に備えて、ベッドを起こして座っていたが、流動食をゼリー状に固めたおかずやトロミをつけた味噌汁などが彩りよく盛り付けられた御膳が配られると、スプーンを取り、はじめはそれをいじっていたが、やおら左手でごはん茶碗を取り、右手のスプーンで食べ始めたのである。時どきおかずまですくって食べる。そして味噌汁の椀も取り、堂々と自分で食事を摂ったのである。

ヘルパーに聞くと、この日の昼ごはんから急に意欲的になり、自分で食べ始めたとのことである。何がきっかけなのかわからないが不思議である。

8 変化する精神状態への対応

母の精神状態を安定させるためには、とにかく寂しさや不安な状態にある時間をなるべく少なくしようと、私は仕事の合間をぬって毎日面会に行き、できるかぎり長時間付き添うようにし、常に私との関係を密にし一体感があるとの感覚をもってもらうように努めた。兄夫婦は日曜日を担当してくれた。

母はその日その時でずいぶんと様子が違っていた。精神的に自分だけの世界に入り込み、応答がまったくないときもあれば、活気はあるが幻覚が多くよくおしゃべりするときもあった。うつろな表情で話しかけにまったく応じないかと思うと、急に我に返ったように「みこちゃん」と私をはっきりと認識し、とてもしっかりと「ここの人は私を先生と言うの。もう医者なんてやっていないのに」と言ったり、夕食時に「ごはんは?」と私の夕食まで心配してくれたり、とにかくその時どきで目まぐるしく変化した。こちらはそのつど一喜一憂していた。

こんなこともあった。

面会に行くと母はぐっすり眠っていた。やがて眼を覚ますと、身振り手振りで起こせとの意思表示。ベッドを起こすと、今度は顔を拭くとの意思表示をする。タオルを絞って渡すと、自分で顔を拭く。最後に「クリーム」と言うので、母の手に乳液を出すと自分でくりくりと顔につけている。目を覚ますと顔をきれいにし、クリームをつけるという一連の動作を覚えていることは手続き記憶なのであるが、それを私との関係をもって自然なこととして、やってみせたことに感動させられた。

面会時に私が心がけたことは、何事も母の意思を尊重すること、意思が把握できないときには、元気だった頃の母であればこのように考えただろうということを想定して行動した。

ある日、PTとOTがやってきてベッドサイドで母のことを話し合ったことがある。そのとき母は、私たちの間に割り込み、何度も私の名前を呼んだ。これは、自分抜きでの話がすすむことへの抗議の意思表示だと思われた。それ以降は母についての話し合いがなされる場合は、必ず母に同席してもらうようにした。

また、少しでも母の興味関心を引き出すために、色や線がはっきりした画集や母の描いた絵を画集のように綴じた冊子や花を持参したりした。母が以前に自分で描いた絵を見せると、「これはひまわりよ」と認識できることもあったが、わからないときは、「これはネコヤナギ、これはバラ、これはスイセン」など花の名前を私が言うと、じっと見つめて名前を口に出して繰り返していた。過去に知っていたことを確認することを再認というが、これも少しはよい効果があるのではないかと思っていた。

また、花の名前を思い出せなくても、そばに字を書いてあげると読むことはできた。私が花を持参して目の前で活けたときには、ちょっと手を出して直してくれたが、美的センスは残っているのか、とてもよくなった。このように感情や情緒的側面は衰えないということを再認識した。

さらに、ファッション好きの母に会うために、私は自分が着るものにも気を配り、指輪、ネックレスなども母の目につくように日替わりで変化をつけた。すると、私の着ているものやアクセサリーに注目しては触ってみて「いいね」と褒めてくれたり、帽子のかぶり方をちょっと直してくれたりした。お風呂上りで気分のいい日には、「私が死んだらあなたがはめてね」と言う。指輪のことである。死についても考えているようである。そんなふうに認知症とはいっても人格はちっとも変わらないように思った。

母が自分の世界に入り込んだり、活発に幻覚をみて「猫がいる」など声をあげているときでも、根気よく母の言葉に耳を傾けながらも、言葉をはさみ話題を誘導していき、会話を引き出していった。母の記憶はかなり昔に戻っており、歯科医時代になっていることもあった。そういうときは、関連した昔の話をすると「あの頃はそうだったね」と懐かしそうにうなずくこともあった。

9 帰宅願望

この時期に困ったのは、母の「帰る」であった。転院したその日から食事を摂れるようになり、本人もほっと一息つき自分を取り戻せたのか、入院2日目からは私が帰ろうとすると「私も帰る」と言う。意識清明でしっかりとわかる日ほど言い張るのだ。「もうちょっと療養して元気になってからね」などと説明すると、理解はするのだが、今度は「あなたがここに泊まっていけばいい」「さみしいから1日ぐらい泊まればいいのに」「本当に杓子定規ね」などと言う。また、私が母が帰ることに同意しないとわかると「お兄ちゃんと帰るからいいわ」などと言うこともあった。

しかし、1か月以上過ぎたある日から、私が面会に行くと「お帰り」と迎えてくれるようになった。その頃からなぜか、「帰る」は言わなくなった。

そして、入院から70日が過ぎた3月26日、老人保健施設のベッドが空いたという連絡があった。主治医も咳は相変わらずあるが、容態は安定しているので、移ったほうがいいとの意見で転院することになる。転院といっても病院の病棟と棟続きである。看護師長さんは、「あちらは病院ではなく施設なので、着るものも昼間は寝間着から洋服に着替えられますし、催しもたくさんあってもっと楽しい生活ができますよ」と言ってくれた。

Column 2

病院の種類と課題

「年寄りの患者はすぐ病院から出される」「まだ治っていないのに退院と言われ、家ではみられないので困った」という話をよく聞く。

入院のための病院は、医療法と診療報酬の点数表で5種類に分類され規定されている。

療養病床（長期にわたり療養を必要とする患者を入院させるための病床）、精神病床、感染症病床、結核病床、一般病床（上記以外の病床）である。現在は一般病床に急性期も慢性期の患者も混在した状態ではあるが、病院の方向性として高度急性期、一般急性期、回復期、長期療養のように機能分化させる方向にある。家族や関係者も高齢者にとって必要な病院や病棟の存在やその特徴を知っておくことは重要である。

●急性期に入れる病棟

ふつう高齢者が心筋梗塞や脳血管障害などの病気を発病して担ぎ込まれる病棟が一般病棟である。一般病棟は看護師配置、医師配置、平均在院日数などの条件によって入院基本料が何種類かに分けられる。看護師配置の種類としては7：1（患者7人に対し看護師1人以上の配置）や10：1や13：1などがある。たとえば一般病棟のなかで一番多く主に急性期患者を受け入れている看護師配置が7：1の病棟では、患者の平均在院日数は18日以内という条件があり、それをクリアしなければ既定の診療報酬が算定されず、診療報酬は低くなり、病院の収入は減ることになる。そこで患者側は、自宅に引き取るか、もっと長くみてくれる病棟に転院するかなどと退院を迫られることになる。

●回復期に入れる病棟

急性期を脱した患者を受け入れ、在宅・生活復帰支援や在宅患者の急変時の受け入れを行う病棟である。高齢者患者に関係が深いものとしては「回復期リハビリテーション病棟」がある。回復期リハビリテーション病棟は脳血管疾患または大腿骨頸部骨折等の患者に対してADLの向上による寝たきりの防止と家庭復帰を目的としたリハビリテーションを行うための病棟である。ここにおいても疾患により入院基本料などを算定できる日数に上限があり、それを過ぎると診療報酬の額が下がることになり、長期に患者を入院させられない仕組みになっている（疾患別に異なるが90～150日ぐらいが上限）。

近年制度化された「地域包括ケア病棟」は急性期治療を経過した患者および在宅において療養を行っている患者等を受け入れ、再び患者の在宅復帰支援等を行う病棟であるが、この病棟でも入院基本料は60日を限度に算定されている。ということは、入院は60日までということである。

●慢性期に入れる病棟

高齢者の慢性期あるいは長期療養できる病棟としては療養病床がある。療養病棟は長期在院が可能だが、病院によっては法定外負担（医療費以外に、おむつ代、部屋代、衣服のリース代や洗濯代などと称して費用を支払わなければならない）が大きく、長期にわたる場合、所得の低い人には経済的に苦しいという問題がある。療養病床には、医療保険を使う「医療療養病床」と介護保険を使う「介護療養病床」があるが、国の方針としては療養病床を減らす方向にある。

そもそも病院は病気の治療が目的であり、病気によって引き起こされる介護の必要な状態を世話する場ではないという考え方が基本にある。決して個々の病院が好んで高齢者を追い出そうとしているのではないが、この考え方は最近の医療政策のなかでは、ますます強められている。これを裏打ちするのが診療報酬のシステムであり、それによって高齢患者の長期入院は難しくなっているのである。

このように入院日数は病院の収入と関連しており、一般病棟での長期の入院はむずかしく、一方で高齢患者は回復に時間がかかり、入院原因の疾病が治ったとしても余病を併発したり、心身の機能が衰え、日常生活が元どおりにはできなくなることが多く、在宅生活は難しいことになる。

さらに、病院の診療科別の仕組みも問題である。病院内の病棟の連携も弱く、多くの疾病を併せもっている高齢者や慢性期あるいは要介護の高齢者が、必要なときに切れ目なく医療を受けられるようにすること、病院や病棟の連携を密にすること、ある程度の医療が整備された介護施設を整備することが望まれる。

近年は医療ソーシャルワーカー（ＭＳＷ）の配置をする病院が増えている。現在では２００床以上の病院の大半がＭＳＷをおいている。ＭＳＷは社会福祉の立場から患者や家族の抱える経済的、心理的・社会的問題の解決、調整を援助し、社会復帰の促進を図る専門職である。病院では医療相談室とか地域連携室などの名称で相談窓口を開いている。

高齢患者の増加とともに退院困難となる患者が多いために、職務のなかで一番多いのは退院援助である。次に経済問題、心理・社会的問題、社会復帰、受診受領援助と続く。前述したような病院側の事情により早期に退院を迫られた場合、まずＭＳＷに相談するとよい。転院先の病院、老人保健施設などの紹介や転院援助、在宅復帰の場合の介護サービスをはじめとする社会資源の利用援助を行ってくれる。

母の場合Ｈ病院のＭＳＷがＳ病院の主治医、Ｈ病院の医師との連携の要となってくれＨ病院に入院することになり、その後5年間良い状態で生きるきっかけとなり、本当にありがたかった。

在宅生活が難しくなった高齢者が住まいとして生活できる施設等については、94～96頁にまとめたので、併せて読んでいただきたい。

第3章

回復の日々

この章で紹介する老人保健施設B園には、92歳から2年半ほど滞在することになった。その2年半は、重篤な状態を脱して心身ともに回復してくる時期だったと思う。身体的に健康が回復すると精神的にも活発になってくる。ところが認知症のために、自分の行動のコントロールがきかずに困ることもたびたびあった。

しかし、よいケアと環境調整のおかげで、健やかな楽しい日々を送ることができた。

1 老人保健施設B園へ

２００７年３月28日、病院の看護師、ヘルパーに手伝ってもらい、老人保健施設（老健）に移動する。支援相談員（老健のソーシャルワーカーのことを制度的には支援専門員という）と手続きや話し合いを行う。入所目的としては、リハビリと特養待機とした。話し合いには母も同席した。入所期間は６か月以内などと制限はつけられなくて有難かったが、老健は最期までいられる場ではない。

建物は１階がデイケアと浴室、２階が入所者の居室、ホール（食堂兼用）、リハビリの訓練室などがあった。もう病院は卒業という人が入所しているので、昼間は着替えてベッドを離れて起きており、リハビリ室での訓練やホールで行われるさまざまな行事に参加していた。リハビリを主な目的とする施設だけに利用者の状況は、いくぶん若く、活動的な人たちが多い。一部には特養待機的なグループもいるが、全体としては、生きいきと活発な雰囲気であった。母は年齢的にも高齢なほうであった。

母の部屋は2人部屋で、昼間は寝間着から洋服に着替えるという。家から衣類を持参し、箪笥に整理して入れる。そのあとはすることもなく所在ない。母は「2〜3日たったら慣れるわ」などと気丈なことを言っているが、不安そうな目をキョロキョロさせ、落ち着かず、疲れている様子。ベッドに横になってもどうしても眠れない。やがて食事の時間となり、建物の中央にある大きなホールへ移動し夕食を摂った。夕食は食べたが、薬は拒否し、やっとのことで飲んでもらう。考えてみると私自身が落ち着かず疲れ切っていたので、母が落ち着かないのは無理のないことだ。しっかりせねばと自分に言い聞かせる。

翌日、急ぎB園に行く。母はホールの片隅で車いすに座っていた。きちんと普段の服に着替えて、たった1日いただけなのに、もう慣れたのか、見違えんばかりにしっかりとしている。表情もよく笑っている。強いなと思う。

2 回復する体力

たまに熱を出し、すわ肺炎かと心配することもあったが、次の日にはケロリで寝つくことも入院することもなく、日に日に元気になっていった。体力を見ながら離床時間を延ばしていき、すぐに昼間は車いすに乗って、園の中央にあるホールで過ごせるようになった。

食事は介助のときと自分で食べるときとがあった。自分だけで食べるときは、隣の利用者さんと自分の食事の区別がつかず、両方を手でつかんだりした。また、気が散ってしまい食事を中途でやめることもあり、おままごとのようにごっこ遊びになってしまうこともあった。そんなときには介助が必要だった。

食後には口腔ケアがきちんと行われ、定期的に訪問の歯科衛生士も来てくれた。入浴は週2回確実に入れてくれた。排せつはおむつをあてていたが、できるかぎりトイレに連れて行ってくれた。また、病院のように寝間着で1日過ごすのではなく、昼間は洋服に着替えており、何を着るかは楽しみの一つだった。ある春の日には、こげ茶のセーターに山吹色のカーディガンを着ており、それがとてもよく似合い明るく端正にみえた。車いすに背筋を伸ばして座り、元気そうで顔色もよく、言語応答もでき、そんな日にはどこが悪いのか不思議な感じであった。

リハビリも毎日個人リハビリを行った。平行棒の間の歩行をしていたが、これが効果的であり、立ち上がりやつかまり歩きも一番調子がよい時期には、ホールからトイレまで5メートルはあったと思われるが、職員に両手を引かれ歩いて行けるようになった。

精神面も、病院入院時のような意識レベルが低下しているようなことはなく、体力がつくとともに何かやろうとする意欲が出てきて、活発になっていった。しかし、それに対しての理解力や自分の行動をコントロールする力がないために、問題も出てきた。寝ていてベッドから自分で降りようとして転倒する。あるいは何歩か歩いたところで力尽き、かろうじてそばの家具に引っかかっているような状態。車いすから飛び降りようとしたのを、私が抱きとめそこねて転倒するなどもあり、危険きわまりなかった。

私もやむを得ないと了解して、Y字帯で拘束したところ、固定されたままで立って車いすをかついでしまったこともあった。夜中に目覚めて服を全部脱いだこともあった。

こういった問題が起こるたびにB園ではケアカンファランスを行い、一つひとつ解決していった。同じ現場に働いていた者として頭が下がったものである。

3 本人参加のケアカンファランス

最初のケアカンファランスは、入所2週間ぐらいのときにあった。看護部長、施設ケアマネジャー、支援専門員、管理栄養士、介護職員、母、私が一堂に会し母のケアについて話し合った。母は自分のことは、自分で考え決めたいという自立心の強い人である。また、本人が物理的に参加可能なら、本人抜きは人権の問題だという思いが私にもあり、職員の了解を得て、母も参加させてもらった。

課題となったのは、「夜間眠らず脱衣行為があるので発熱などの危険性がある」「ベッドから転落の危険がある」「誤嚥性肺炎の予防が重要」などであった。まずは脱衣行為に対して、その原因について検討したが、結局はっきりした原因はつかめなかった。

前の病院ではミトンをはめさせていたが、これは抑制になる。ここではそれを選択せずに、パジャマの上からゆったりした改良型のTシャツを着せることで、パジャマが脱ぎにくくなるような工夫をした。大きなサイズのTシャツの裾に布を足し、股に当たるところに、大きなスナップを3個とりつけるというものだ。本人が脱ぎたくなって、スナップを外そうとしているうちに、職員がかけつけるという寸法である。さっそくTシャツを購入し、加工し着せたところ、これは成功した。

夜間のベッドからの転落に対しては、巡視の回数を増やして見守る。誤嚥については食事はゼリー食、水分はトロミをつけることで対応する。また管理栄養士からは、栄養は1200キロカロリー摂っているのでアルブミン値も改善されるだろうという話もあった。

家族からは、ここでは離床時間が長く疲れないかとの疑問を出したが、それについては、様子を見てときどきベッドで休みながらなので大丈夫とのことであった。

こうして話し合ったケア計画には本人と家族の承諾の署名欄がある。母は本人のサイン欄は自分で書くといって、サインしたのである。やっと判読できるような文字だったがみんなで大拍手だった。

2回目は先のカンファランスから約4か月後に開催された。

少し体重も増えてきた。誤嚥性肺炎も起こしていない。体力がついたのはいいが、Y字帯を使っても足の力で立って、車いすを持ち上げるぐらいになり危険である。これは、職員がつねに念頭におき注意することになった。歩くと危ないのでリハビリをやめましょうとは絶対に誰も言わなかった。これがB園の理念と職員の職務に対する矜持というのであろう。

転倒については、この後もいろいろと試行錯誤し工夫がなされた。ベッドから自分で降りようとして転倒するので、大きな4人部屋に移り、3方は壁と箪笥など家具で囲み、残る一方をカーテンで綴じられるようにして、床に畳を敷き、3畳の個室風な部屋にしつらえてもらった。ベッドではなく布団で寝るのである。母は自分の部屋という意識をしっかりもって、他の人に対しても「ここは私の部屋です」と申し渡したりしていた。たぶん母は生まれたときから人と部屋を共有したことがないために、他の人もこの部屋を使っているという意識がなかったらしい。

この畳の部屋は、私も横に添い寝ができとても落ち着いていて、寝転びながらおしゃべりができてよかった。これでベッドからの転倒はなくなったが、車いすからの転落の問題が残った。これについては職員が一生懸命に考えてくれ、ホールの一隅をL字型にソファで囲み、かなり広さのある母専用のコーナーをつくってくれた。真んなかにはテーブルを置き、空いたほうは車いすでふさいである。ソファの奥に座っていれば、テーブルに手をつき、ソファ内をあちこち動いても安全ということである。仮にソファの外まで行こうとしても、かなり時間がかかるので、職員が見に行く余裕があるのだ。

このやり方は大成功で、母も自分の場所ができたことで精神的にも安定し、転倒の危険も解消でき一挙に問題解決につながった。

また、母は話好きでいくらでも話すので、できる限り時間をつくり職員が相手をするようにしたいとのこと。人と会話をすると現実感覚が戻ってきて空想などが減るといわれているが、たしかにこの頃は、幻覚などを口にすることが少なくなっているような気がした。さらに、食事のグレードアップについて相談したところ、明日には主食をゼリーからおかゆにして様子をみる、またおかずの量を1・5倍にしてみるなどが決まった。

そういえば母はこんなに社交的な人だったかと驚くぐらい、職員や面会人など誰にでも「コンニチハ」と大声で挨拶していた。B園は男女とも若い職員がきびきびと働いているが、母は若い職員とハイタッチなどしてニコニコ笑っている。職員はこの笑顔がいいのよねと言ってハグしたりしてくれた。母はこの園のアイドルだそうだ。

この頃を翻って考えると、まだ言語応答はかなりできており、はきはきした性格で、受け答えがよいせいか職員たちからも好かれているようだった。

4 自宅での生活の延長

入所の最初の頃はほとんど毎日、慣れてからも1日おきには面会にいった。認知症の人は記憶障害が大きくなるために自分と自分の周りとの関係が断絶し、自身の存在が足元から崩れるような危機状態にあるという。そのため、不安感や焦燥感などに苛まれているようである。いろいろな要因もからんではいるが、その反応としていわゆるBPSDといわれる行動・心理症状が起こる。

認知症の人が安心しおだやかな生活を送れるためには、この関係性への働きかけ、つまり最も信頼できる人が、本人と周りの世界との関係の再構築を行うことが決め手になるように思う。私は母とは幼少時より深い関係を結んでいたように思うが、母が認知症になって、その関係はより深まり、気持ちはほぼ一体化し、彼女の意思を体現するように努めてきた。母は私という存在を通じて自分を失うことなく、不自由はあっても決定的なダメージを受けることはなかったように思う。言葉は滑らかでなくなり、言葉数も少なくなっていったが、ずっと母と娘の関係は自然なものとして最期まで続いたように思う。母の断片的な言葉から本音を読みとったり、おしゃべりを楽しむことも十分にできた。

私は、面会時には、食事介助や排せつ介助は当然のように行っていた。さりげなく家にいた頃と変わりない生活を取り入れ、母の見ている前で母に声をかけながら箪笥の母の衣類を整理したり、新しい衣類を購入したときには試着してもらったり、ズボンのゴムを入れ替えたりした。取り換え口のあるウェストがゴム製のズボンを、三越の通信販売でやっと見つけ取り寄せ持っていったときは、ベッド上でズボンの試着をし、私がゴムの入れ替えを行うのを母はじっと見ていた。

母のいろいろな時期の写真を選んで持参し、2人で見ては昔話をしたり、高島屋の通信販売のカタログを一緒に見たりした。散歩がてら同じ建物にあるレストランにトロミ剤を持参で行き、紅茶を飲みながらひとときを過ごすことも頻繁に行った。スキンシップも大事な関わりの一つだ。爪を切ったり、耳の掃除をしたり、手足にクリームをつけマッサージをしたり。

紙にマジックで家族の名前や生年月日を書き、「書いてみる?」と勧めると、お手本を見ながらではあるが、けっこうちゃんと書くことができた。この後、面会時にはときどき字を書くことにした。言葉や文字は記憶を確実にする効果がある。特に書くということは記録につながり、記憶をよくすることができるので効果的だと思われた。

また、理解のほどはわからないが、テレビを眺めることもあった。テレビを一緒に見るという行為は、テーマを共有するため会話に発展することが多いのでよいツールである。テレビのコマーシャルを見て母がカレーを食べたいと言ったこともあった。さっそく栄養士さんに依頼した。うどんを食べたがったときは、看護部長さんに相談して素麺を3つに折ってゆでると食べられることがわかり、ちょいちょい持参し食べてもらった。箸を使って上手に食べた。

また、母の嚥下力でも食べられるケーキも見つけた。誕生日やお正月には兄夫婦も一緒にケーキと紅茶でささやかながらお祝いをした。新聞を見せたときは「よむ、よむ」と一面を眺めていた。理解は無理でも、新聞を読むという習慣はどこかにあって、その態度は残っているらしい。時どきニュースを解説して聞かせたりしてみた。このように自宅にいたときの私たちの関係が自然に続き、施設の生活といっても家庭の延長上にあるようにと心がけた。

母はけっこう本音とおぼしき言葉をたどたどしくはあるが、言うこともあった。

「2軒も家いらないよ。さみしいもの」「1軒でいいよ」と言う。「歩けるようになったら、この家（B園のこと）ではなく、おうちに帰ろう」と私が言うと「なかなか歩けるようにはならないよ」と寂しそうに言ったときは、胸を突かれた。

ある日、私が職場の愚痴を言ったことがある。すると、「どこでも変な人がいるのよ」とまっとうな言葉が返ってきた。また、面会に行くとすばやく私の服装を見て、服やアクセサリー類に注目して、たいていは「いいね」と褒めてくれる。まだ人のことに注目できるだけの知性があるのだ。

5 親としての気持ち

認知症で言語応答も覚束《おぼつか》なくなってはいたが、母親としての気持ちはいつまでももち続けており、いつも娘の私を気づかってくれた。その気持ちは最期まで変わらなかった。

夕食時には、母は職員に「もう一つ、この子にも」などと言っている。自分の分を私に食べるよう勧めてくれることもあった。「おばあちゃんのご飯だから、私はいいのよ」と辞退すると「私のはまだあるから」と他の人の御膳を指したりする。

また、母の夕食後に面会に行ったときは、「ご飯は?」「もうちょっと早ければよかったのに」「たくさん余っていたのに」と残念がった。私が疲れて眠そうな顔をしていると、「ここで寝たら」と言ってくれる。「2人で寝るのは無理よ」と言うと「私はどくから、あなたが寝なさい」といった意味のことを言っている。なおも「あなたも寝たら」と勧めてくれるので、「わたしは寝なくても大丈夫よ」と答えると「そんなことはない。寿命だけは自分でもどうなるものではない。身体は大事だからね」と気づかってくれた。外でそれを聞いていた職員が「お母さん、本当にやさしいですね」と泣いてくれた。それを見て、私も涙が出てしまった。私にとっては依然として優しい母親である。人はこんなになっても、こんなに他者にやさしくなれるものか。

母の部屋が畳になってからは、就寝時に母は布団に入り、私は畳に寝ころぶ。すぐにコトリと眠る。私を信頼し安心しきっているようだ。ときには寝転がって会話することもある。あるとき会話のなかで、恋愛の話になる。なりゆきで結婚する人が多いというようなことを言うので、父ともなりゆきで結婚したのと聞くと、顔をまっすぐにこちらに向け「ちがうわ、好きで結婚したのよ」と断固として言う。母にも、かつて好きな人がいて青春時代を謳歌した時代があることを思うと、心があたたかくなった。

6 母の生い立ちと家族の歴史

ここで、母の生い立ちと家族の歴史についてふれておきたい。

母は当時、日本の領土であった台湾の素封家《そほうか》の家に生まれた。母の父（私にとっては祖父）は大地主であり砂糖会社を経営しており、一族からは日本の貴族院議員を出すなど名門であったという。祖父は母が幼少のときに亡くなったが、祖母、母、4人の兄弟（兄2人、弟2人）と大勢の召使いに囲まれ、経済的には苦労を知らずに育ったようだ。男兄弟ばかりでお転婆だったという。幼い頃から、子どもたちだけで召使いの給仕で食事をしていたという。着る物も東京から布地を取り寄せて仕立てさせ、子どもの頃から金やヒスイなどのアクセサリーで身を飾っていたという。また、自分の家に役者を呼んで芝居を家族だけで観るといった、今の私たちからは想像もつかない生活をしていたようだ。

　長兄が東京の大学に入ってからはその影響で兄弟が次々に上京し、母も女学校の半ばで台湾を離れて東京の女学校に転校している。卒業後、母は歯科医専門学校にすすんだ。そして、この頃、同じアパートに住んでいた早稲田の学生と知り合い、お互いが卒業後に結婚をした。この早稲

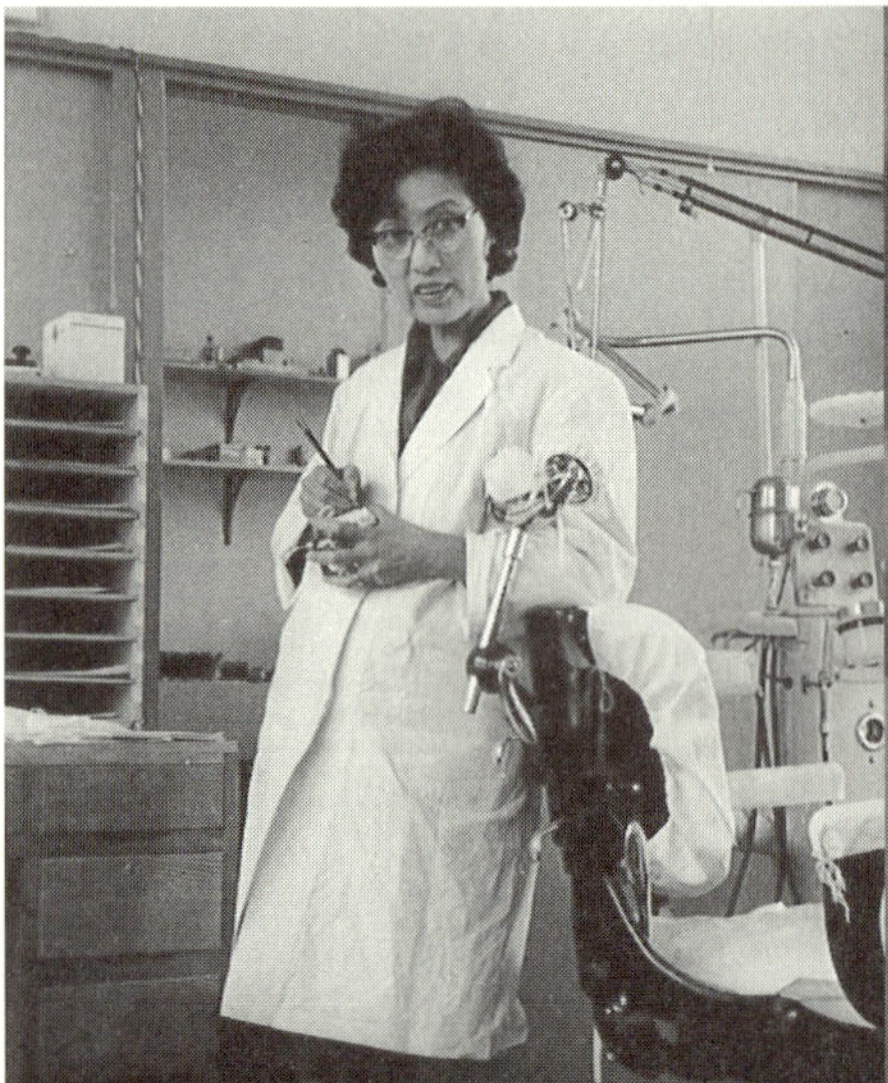

歯科医時代の母

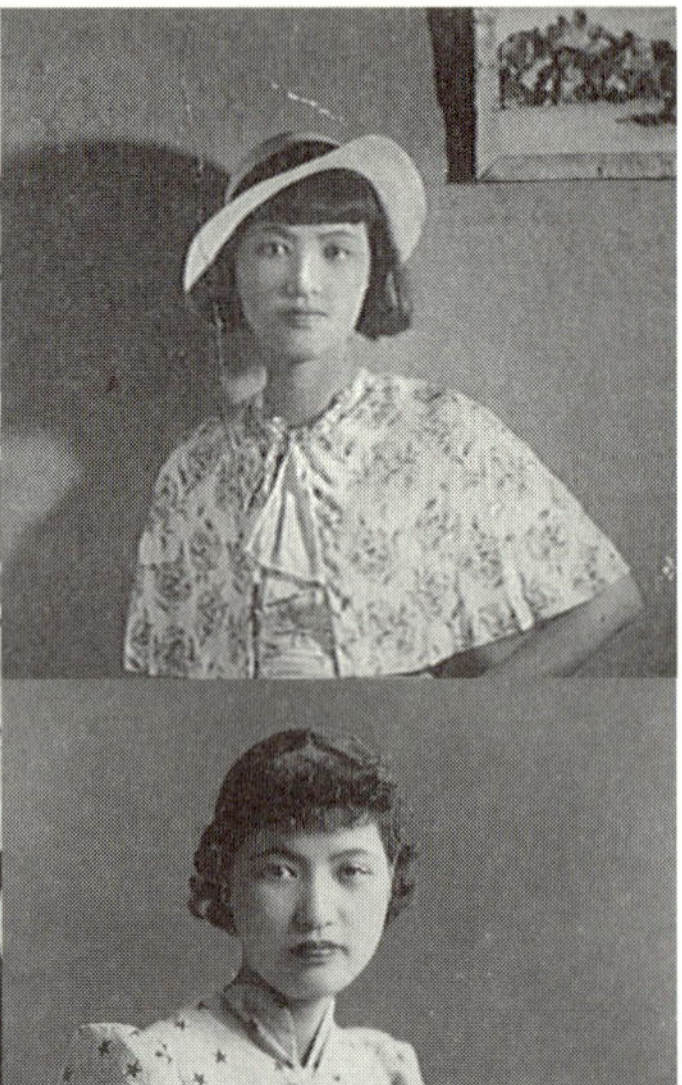

学生時代の母

田の学生が私の父である。夫（私の父）は会社勤め、妻である母は歯科医院に勤めるという共働きであった。しかし第一子（私の兄）の出産で母は仕事をやめる。父はすぐに徴兵にとられたため、不在中は父の実家のある高知市で暮らすことになった。幸か不幸か父は病気で除隊となり、その後は三男である父は、実家の家業を手伝いながら高知で暮らすことになった。

父と母は、風光明媚な鏡川《かがみがわ》の畔に小綺麗な家をあてがわれていた。その家で母は専業主婦として夫、長男、高知で生まれた長女の私の４人で暮らしていた。一見、裕福で幸せそうに見えたかもしれないが、敗戦とともに台湾は日本領ではなくなり、中国本土からは蒋介石がやってきて台湾を支配するようになり、母は台湾の家族・親族からは完全に切り離され、ひとりぼっちになった。

父の実家では、母はあまりよく思われておらず、実家に戻った父も田舎の旦那衆の態度をもろに表し、母をかばうこともいたわることもなかったという。私に物心がつくようになると、母の心を許せる話し相手は私だけで、よく台湾のことを話して聞かせてくれた。母の子どもの頃や若い頃の思い出は、母と私だけの共有物であった。

そんな孤立無援の状況でも、母は誇り高く、どんな場合でもしっかりと自分の考えと意思で行動していた。やがて私たちも大きくなり、私が中学生の頃、母は40歳を過ぎていたが、勉強をし直して歯科医として再出発した。その後、兄も私も東京の大学に進学し、高知の家を出ていった。その間に父の裏切りによって母は父と離別し、私たち子どものところへ身一つで上京してきた。当時、兄はすでに会社勤めをしており、私は大学４年生であった。母は歯科医として歯科医院に勤務し生計をたて、やりくりして埼玉県朝霞市に家を建て、母子3人で身を寄せ合って暮らした。

その後、兄が結婚し、一家総働きながら、順調に3人の男の孫に恵まれ、7人の大家族みんなで協力して子どもを育てた。孫に囲まれた母は楽しげであり、勤務の帰りに保育園へお迎えに行くのだが、そのまま孫をデパートにつれて行き、おもちゃを買ったりする甘いあまいおばあちゃんだった。

最後は学校の歯科検診などのパート的な仕事だったが、69歳まで働いて生活を支えてくれていた。手先が器用で、入れ歯などは1回でピタリと合うということがご自慢だった。

このような母の経歴をみると、勝気な職業婦人と思われるかもしれないが、裕福な家庭でおっとりと育ったせいか、社会に出て活発に活動するようなタイプではなく、ファッションや趣味への情熱のほうが強く、開業はしないで生涯を勤務医として働いたのだった。

7 変わらない母

認知症になり施設で生活するようになっても母のショッピング大好き人間の本質はちっとも変わらなかった。いつも私の服装やアクセサリーに注目してくれた。それればかりではなく、自分でもほしがった。なるべくその願いをかなえるように母にはそれなりにきれいなブラウスなど購入し、取っかえ引っかえ着替えてもらった。秋になると長袖ブラウスが売りに出るから、もっと買ってこようと相談すると「あんたに散財させるね」と一言。私の財布を気づかっているのである。デパートでブラウスを購入、母に試着してもらう。丁度寸法も合い、母は大喜びだった。

意欲にあふれたある日のこと。面会に行くと元気に「こんにちは」。夕食は自分で食べ完食、よく話をする。「今日はあんたと一緒に寝よう」「やっぱりよくないか」「洋服も買いたい。ハンドバックも買いたい。靴も買いたい。これから買い物に行こう」などなど。ここのところ、心身の調子が上向きで、積極性が出てきて、スーパーかデパートに買い物に行きたいと言ってきかない。

どうしても買い物に行きたいと言う。「暑いからデパートまでは無理、病院の売店でもいい?」と聞くと、それでもよいというので、売店へ行く。売店ではほんの少しだが着る物を売っており、母は嬉しそうに眺め、ズボンを1枚購入、今日のところはそれで満足した。誰かに買ってもらう行為より自分で買いたいのだ。母はエネルギーが充電された状態であり、母なりの環境で、どのように消費するかが問題である。今そのエネルギーはショッピングに向かっているようだ。

高島屋の通信販売のファッションカタログがお気に入りだった。それを一緒に見てカーディガンを買うことにした。目の前で私が携帯電話で注文すると大喜びした。

B園にはときどき移動美容院がやってくるが、カットだけではなく、きれいにセットしおまけに前髪に紫のスプレーで仕上げてくれたこともある。みんなに褒められ、母はきょとんとしていた。

母の描いた絵の画集を見ていると、職員たちも寄ってきて一緒に見る。褒めてくれ、またやってみたらと言われると、母は照れくさそうに「もうダメよ」と笑っていた。心から嬉しそうな笑いだった。こんな日は、母は完全に主役だ。

おやつが固形のワッフルだったとき、とても柔らかいので大丈夫と職員がすすめてくれた。母は大喜びで「おいしい、おいしい」と食べた。その後、お膳を下げに来た職員に一生懸命何事かを訴えるが、言葉にならない。断片的に出る言葉を翻訳すると、「とても美味しかったので、たくさん買っておいて、また食べたい」ということのようだ。そういうことかと確認すると、そうだとばかりに頷いた。職員には素直に言いたいことを言っている。信頼している証拠だ。

また、ある日のこと、利用者のひとりがピアノを弾いているのを見て「私も100歳まで間があるからやってみようかしら」と言う。その後トイレ介助をしてくれた若い男性職員の頭をぽんと叩く。「どうして叩くの」と聞くと、今度は頭を撫でて「撫でているのよ」とごまかしている。みんなで笑ってしまった。

8 母の世界

しかし、その一方で認知症は確実にすすんでいった。次第に、意味のとれない動作を繰り返したり、理解不能なことを訴えることも出てきた。

顔を合わせるなり「よかった。大変だったのよ」と男の子や女の子が表れたという幻覚の話にずっとつき合わされた。なぜこんなことになるのか不思議で、感心して聞いてしまう。

またある日は、母は夕食を済ませ、車いすに座っていた。Y字帯を付けられ、片足は靴を脱ぎソックスだけ、片足は裸足に靴をはいていた。意味はとれないが妄想らしき発言が多く、興奮気味だった。自分の身体が固定されるとこんなにダメージを受けるのかと可哀想になる。しかし、しょっちゅう転倒や車いすからのずり落ちによる骨折の危険性を考慮すると自由にすることもできない。二律背反に苦しめられる。あるときは、指を舐めては濡れた指でテーブルをせっせとふく動作を続ける。常同行動らしい。会話はなく、ただ寄り添う。

焦燥感が強い日もあった。どこかに行きたい、あるいは行かなければならないと思うようだが、それがどこかはわからないようだ。「行こう、行こう」を繰り返す。身体を動かしたいのかもしれない。「こんにちは」も言わず、笑顔もなく、自分の世界に入り込んでいる日もある。こんな日は母が遠くへ行ったようで寂しい。

ある日、職員から「今日は興奮しています」と伝えられた。なるほどカリカリと機嫌が悪く、攻撃的だった。一緒に行った孫が上手に相手してくれた。職員にも慣れて攻撃性を出せるのかもしれない。

散歩に連れ出し帰ってくると「次は何がある?」「次は?」「どうしたらいいの?」など次々に自分がどうするかを聞く。自分がこの先どうなるか、どうするべきかが皆目わからず不安な様子だった。ゆっくりと何度も説明すると少し落ち着く。このような問いかけは、これ以降も何年か続いた。

老健に入って、半年以上がたった。母は、記憶が悪くなり字なども思い出せないことを「悔しい」と言う。母の言葉が少なくなっていることは私も気になる。こちらの話すことは理解できるが、返事をしようとしても言葉を思いつかないらしい。こちらの使った言葉を使ってオウム返しに返事することが多くなってきた。自分からは出てこないらしい。

ある日、母が夕食を終えたところに面会に行くと、一生懸命エプロンにスプーンやおしぼりを包み込んでいた。話しかけても反応がなく、自分の世界に夢中になっている。指を舐めては、テーブルの上をぺたぺたやっている。歯を磨こうとしても、歯ブラシをチュウチュウと吸ってしまい、磨けない。こんな日は傍らにいて悲しくなってしまう。

翌日は夕食も歯磨きも済ませていた。しかし「芙美子は知らん顔して、芙美子といっても、ミコチャンといっても知らん顔する」という意味のことを言っており、目の前の人物が当の娘の芙美子だと認識してくれない。がっかり。

しばらく話しかけたりしたあと、部屋に行き暗いなかで箪笥の整理をしていたところ、いきなり「暗いじゃない、電気つけたら」と言ってくれる。ものすごくノーマル。私のことをわかっているかと聞くと「わかっているわよ」とニコリ。大丈夫なんだと救われる思いだった。こんなふうに、日々、あるいは時間ごとに状態が変わるので、こちらも一喜一憂してしまう。

9 施設という社会のなかで

車いすの利用者が母に近づき話しかけると、母は出にくい言葉を能力をフル活用して、一生懸命、返事をしている。母と言語応答するには、相当な技術を要するのだが、このように他人と話すこともあり、母には母の社会があるということに気づかされる。体力がついてくると社会性も出てくるようだ。

あるとき、面会に行くと母は、他の利用者のおばあさんと口げんかしている。母も相手を「泥棒」と言い、負けていない。負けないところがいかにも母らしい。

夏のある日、やはり認知症があるらしい隣のおばあさんと話をしている。お互いトンチンカンであるが、しゃべっている。母の認知症もたいしたもので、こちらがいろいろ話しかけて、話の糸口をつけて言葉のヒントを出しながら発語をうながし、母の舌足らずの言葉を了解するとなんとか会話になる。それでもこちらの言葉の理解はできるので、よしとしなければと思う。会話は2人の共同作業だ。両者がフィフティ・フィフティの能力でするのが普通だが、認知症の人との会話はそうではない。こちら側に相当な理解力が要求される。

秋の昼下がり、散歩の途中、玄関前で日向ぼっこをしていると、同じく日向ぼっこをしていたおじさんから話しかけられる。わからない様子ながらも、はきはきと返事をしている。おじさんがいなくなると「おしゃべりなおじさんね」と言う。ちゃんと相手をみているのだ。

その日の母はすばらしかった。男性利用者と話していたが、私が近寄ると「これは私の娘です」と言語明晰に紹介した。ある日は、職員と実習生が母の相手をしていて、「みこちゃん、みこちゃんと言って待っていたんですよ」と話してくれる。母は「12時頃に来るかと思ったら来なくて今頃きた。みんなが心配した。みんなに謝ったほうがいい」と長い文章を話し、みんなを驚かせた。

ホールで民謡の会がある。母はあまり歌など好きではないほうだが、「これはいいね」「勢いがあるね」など感想を述べていた。大正琴に合わせ、歌を歌うボランティアが来ていた。母は、みんなの輪のなかには入らないが、聞いてはいるらしく知っている歌になると、突然大声で歌い出したのには驚かされた。

利用者の家族会があり、母とともに出席する。出席者は20人ぐらいだったが、利用者は母ひとりだった。本人がいると困るような話でなければ、私としては、まず本人が参加すべきと思うが、そのように考える人は少ないらしい。母はおとなしく、布巾をいじったり、紙に落書きをしたり、カステラを食べていた。

このように母はB園という社会のなかで、職員や利用者などとの関係もつくっていった。私という巣があったからこそ、安心して外界の様子を覗っているような感じだった。

8月14日、以前申し込んでおいた同じ敷地内にある特別養護老人ホームのHホームの順番がきたとのことで、相談員が面接にやってくる。母は緊張感もあるのか、えらく一生懸命にしっかりと答えていた。生年月日も大正4年○月○日、兄弟は5人で男4人女1人、自分は末っ子だと当たらずとも遠からずの答え。驚くやら嬉しいやらだった。

10 老人保健施設B園の生活を振り返る

母は心筋梗塞で文字通り生死の境をさまよったが、重篤な状態を脱し、H病院、老人保健施設B園で適切なケアを受けることで心身の機能が見違えるほどに改善し、大きな病気にかかることもなく健やかに過ごせた。特に身体機能は両手を引けば3〜4メートルぐらいは歩行できるほどまでに向上した。

食事も嚥下力が弱いため、副食はゼリー状のものだが、主食はおかゆを自分で口まで運んで食べることができた。ときに隣の利用者の食べ物を取って食べることもあったが、これはご愛嬌というものだろう。

排せつはパンツタイプのおむつはしていたが、昼間は介助でトイレに行っていた。これは職員の努力のおかげである。洗面・整容は介助、しかし、歯磨き後のうがいは、水を口に含んではき出すことができた。更衣は介助だったが、着替えの意識はあり、母は介助者のやりやすいように協力することはできた。

精神面はときに幻覚、妄想はみられたが、概ねおだやかであった。認知症については、本人はわからなくなっていくという自覚があり、「悔しい」と言うこともあったが、進行は急激ではなくかなりの理解力は残っており、他者との意思の疎通もできた。しかし、相手の言う言葉の理解はできるが、自分から発する言葉は少なくなり、文章の長さも二語文、多くて三語文ぐらいになっていた。ただ、ときにはすばらしい文章を話して驚かされることもあった。母と会話するには、その少ない言葉から意味をくみとり、ときには手がかりになる言葉を言ったり、こういうことを言っているのかと聞き返すことで確認する、つまり再認することによって成立した。

母は、こちらの使った言葉を理解し、その言葉をそのまま使って会話することも多かった。手がかりを見つけるには、母の生活史や趣味・関心を具体的に詳しく知っていることが必要だったが、私が幼いときから、母の一番近い話し相手であったことや、母の生い立ちから親族関係など詳しく聞いて知っていることなどが幸いした。言葉のはしばしから、このことを言っているんだと推測することで、話をつないだり、広げていくことができたからである。

また母が自分の世界にこもっており、言語応答ができないときでも、比較的長時間におよぶ面会時間をとり、目を見つめ手を握り、家族の近況を報告したり、最近のニュースなどを簡単に説明したりなど、粘り強く話しかけたのが功を奏したように思う。

面会は仕事を終えて夕方に行くときでも1時間以上、仕事がない日は3時間から半日は寄り添うようにした。面会に来る家族によっては、話してもわからないからと言って10分ぐらいで帰る人たちもいるが、わかってもらうには時間がかかるのである。それに、家族として母のためにすることも結構あるのである。寄り添う、話しかける、手足などをやさしくさする、おやつや食事の介助、レストランに行ってお茶を楽しむこと、散歩に連れ出すこと、爪切り、耳掃除、衣類の整理、衣類の補修などなどである。

また母の関心をひきそうな自身の描いた絵画帳、新聞、週刊誌、デパートの通信販売のカタログなどを持参し、交流のツールとした。自分の書いた文字や絵は記憶に残りやすいので、ためておいて記憶を引き出す手がかりにするといいと思う。

新聞、週刊誌などを理解するのは難しいと思われるかもしれないが、認知症の人でもニュースなどをわかりやすく話すと聞いてくれる。また、字を見て、全体は読めなくても、突然、難しい漢字に注目して読んだりするのである。母がもっとも興味をもったのは、通信販売のファッションカタログである。もともとおしゃれな人だけに、これは喜んで眺めており、また会話の糸口にもなった。時どきはカタログを見て買い物ができるのも楽しみであった。

このようにしてB園での2年間はヒヤリとさせられることもあったが、希望をもって平和のうちに過ぎたのである。

Column 3

知っておきたい施設や高齢者向け住宅等の種類

介護が必要になり自宅での生活が難しくなったときに移り住むことのできる施設を紹介します。それぞれに入居にあたっての条件や特徴が異なるので、知っておくといざというときに役立ちます。なお、長期滞在のできる療養病床については、66頁を参照してください。

①介護老人福祉施設（特別養護老人ホーム）

介護老人福祉施設とは介護保険上の名称で、老人福祉法では特別養護老人ホームとよばれる施設で、「心身に著しい障害があるために常時の介護を必要とするが、居宅においては介護できない人を世話する施設」である。現在は介護保険施設として指定を受けているので40歳以上の要介護の人を入所させることができる。費用は介護保険が使えるが、現在は入所を重度の人に絞り、要介護3以上の人でなければ入所できなくなっている。

入所したい場合は施設に直接申し込む。入所できれば、比較的安い費用で、ほぼ終の棲家として安心して介護をはじめ生活全般にわたる世話を受けることができる。

ただし、特養にも2種類ある。1部屋4人の大部屋を主とし30～40人など多人数を1単位として運営する従来型と、プライバシー保護の観点から全個室で10人程度を1ユニットとして運営するユニット型である。このユニット型は部屋代が高く、月の利用料は10万円を超える。

②介護老人保健施設

介護老人保健施設は元々入院加療の必要がなくなっても、在宅での介護が無理で退院できずに病院に入院し続ける、いわゆる社会的入院の高齢者を一時的に入所させ、リハビリテーションを行うことによって機能を改善し、在宅に復帰させることを目的として創設された施設である。

目的はリハビリテーションなので、多くの場合は入所期間に制限があり、最期まで居住できるわけではない。実態としては病院などから退院を迫られたり在宅での介護が無理な場合に、とりあえず入所し、次の居住場所を決めるつなぎの場になっていることが多い。

入所は直接申し込む。スタッフの配置は、入所者100人に対して常勤医師1人、看護師9人、介護職25人、PT、OT、ST（言語聴覚士）いずれか1人、ケアマネジャー1人と医療系スタッフが特養よりかなり充実している。

③有料老人ホーム

有料老人ホームのなかでも、介護が必要な人が入所できる有料老人ホームとして、介護付き有料老人ホームと住宅型有料老人ホームがある。介護保険の1割負担とは別に、部屋代、管理費、水光熱費、食費、介護保険にはない介護や生活支援などは全額自己負担である。費用はピンからキリまであり、いわゆる億ションのような豪華な施設から、費用も安く、それなりの生活を送れるホームもある。地域差も大きく、特に都市部では高額なホームが多い。死亡まで居住する人もいる一方で、中途退所もみられる。退所理由としては、医療機関への入院や経済的な理由による負担継続困難、順番待ちをしていた特別養護老人ホームへの入所などがあげられる。

有料老人ホームを選択する場合は、複数のホームを見学すること、できれば実際に入所している人の話を聞くことや、体験入所をして、生活や介護の状態をよく見極めることが大事である。特に費用については、パンフレットのみの情報や1か月の基本料だけで判断するのではなく、食事を部屋まで運んでもらった場合には幾らか、買い物してもらえば幾らかなどと、具体的にどんなサービスに幾らかかるかなどの追加料金まで確認しておかなければならない。

④サービス付き高齢者向け住宅

サービス付き高齢者向け住宅とは、老人福祉法や介護保険法などの福祉の制度ではなく「高齢者住まい法」に規定された住居であり、バリアフリーで一定の広さと設備を備え、都道府県知事に登録されたものである。「サービス付き」の意味は、見守りと相談の提供で、介護をしてくれるわけではない。1日に1回職員が部屋を訪問してくれるとか、電話で安否を確認してくれる程度ということである。介護が必要になると、介護保険の在宅サービスを外部から導入し、1割の自己負担を支払うのである。

建設にあたり1戸当たり100万円の補助があり、制度創設後、増加している。しかし、この住宅は質も費用も多様である。入居者の平均年齢は82歳、早めの住み替えとして自宅から入居する人もいるが、大半は介護の必要性を動機として入居している。入居に際しては、有料老人ホームと同じく、よく調べて慎重に決めなければならない。繰り返して述べるが、サービス付き高齢者向け住宅は、住まいであって、原則として介護はついていないのである。

⑤認知症対応型共同生活介護（グループホーム）

いわゆる認知症のグループホームと呼ばれているサービスの形態である。

共同生活を送ることができる住まいにおける介護について介護保険の適用があるもので、住居費や食費については自己負担となり、かなりの経済的な負担となる。従来の大規模施設での集団生活の反省から5～9人の認知症の人が家庭的な雰囲気のなかで、なじみの職員に見守られながら一緒に食事準備をしたりしながら共同生活を送ることで、認知症の症状にもよい影響をもたらすという理由で認知症ケアの切り札として、2000年の介護保険の創設時に制度化された。

しかし年月の経過とともに入居者の重度化がすすみ、グループホームケアの要素が薄れ、重度になると退去になるところやターミナルケアを行うところなど、現在は多様な性格をもつに至っている。入居できるのは要支援2および要介護の認知症の人である。

第4章

おだやかな暮らし

母は94歳〜96歳までの2年半を特別養護老人ホームHホームで過ごした。老健でのよいケアとリハビリで体力が回復してから入所したので、最初は元気いっぱいでちょっと手に追いかねることもあった。入所時にはすでに重度の認知症と言われており、身体と心のバランスがうまくとれないこともあった。誤嚥性肺炎で入院もあったが、結構長い時間を元気いっぱいで暮らした。

この章では、ホームという社会になじみ、職員や利用者やボランティアの方々に囲まれ、丁寧な心こもるケアを受け、おだやかに過ごすことができた日々を振り返りたい。

1 特養と老健との違い

2009年8月21日、兄が母の車いすを押し、私が荷物をまとめて、Hホームに入所した。母は94歳になっていた。場所はH病院を出て、2〜3メートル歩いた所にあった。母の部屋は4階にあった。母の部屋の隣にある相談室で、介護職員、看護師、栄養士、リハビリ担当職員、相談員など関係職員が出席して、最初の挨拶とケアの打ち合わせを行う。

ここで最初の施設サービス計画が決められた。もちろん、母の実際の生活を見なければよくはわからないので、あくまでも暫定的である。栄養計画は4〜5日で母の食事状態がわかり、新たな計画がつくられていた。

母の認知症はすすみ、脳の萎縮もすすんでおり、食事も嚥下がかなり悪くなっているような状態だったが、一人ひとりにきちんと挨拶し、話を聞き、最後のリハビリの話になると「お疲れでしょう」などと、驚くほどしっかりと対応していた。しかし、その途端に「トイレ」と言い出し、あわててトイレに誘導したが、我慢していたのか少し漏れてしまったようである。母は全員での話が終わって、相談員との事務手続きをするときに、「お疲れでしょうから、お部屋で休みますか」と言われても「一緒にいる」と最後まで同席した。家族と別れることの不安もあるだろうが、母の性格から考えると、自分のことを決めるのに自分が埒外《らちがい》にあるのが不本意ということもあるだろうと思った。

打ち合わせを済ませてデイルームでおやつをいただく。アイスクリームだった。「おいしい」と喜んで食べた。倒れてから2年ぶりにアイスクリームを口にした。新しい場所なので私も落ち着かない気持ちもあったが、母の一番好きなデパートのカタログを見ながら過ごす。そのうち、割にしっかりした女性の利用者が挨拶してくれ、一緒にカタログを見始める。それをきっかけにして、私が「帰るから」と言うと、母は「じゃあね」とけろりとしており、すんなりと別れることができた。

この日から私は老健にいた頃と同じく、慣れるまでは毎日、慣れてからは1日おきに面会に行った。面会は夕方行くことが多かったが、仕事柄、裁量がきくので、差し支えない範囲で昼間に行くこともあった。その代り自分の仕事は、夜中まで行うことで間に合わせた。面会時間は短くても1時間以上、長いときは午後いっぱい付き添った。

面会のときに娘として私の行うことは老健時代とかわりはなかったが、精神面ではまったく違った。それは、老健のようにいつかは退所して、新しいところでやり直さなければならないという緊張感がなくなったからだ。ここにずっと居られるという安心感は何よりも大きかった。

ここは今までいた老健B園がリハビリを行い、家に帰ろうという意気込みの人が大勢いて活発に動いていたのと比べると、静かで、すべてがゆったりとしている。職員もベテランが多く、利用者に対しても、とてもおだやかで、大きい声一つたてない雰囲気であった。

また、これはHホームが利用者本位、個別ケアに努めているということもあったが、集団生活にありがちな決まった生活リズムや方法は少なく、個々人がそれぞれのリズムで生活している。はじめは、何時にどこで何をしなければならないかがつかめず、戸惑ってしまった。

たとえば、食事の時間帯については以下のようだった。一人ひとりのペースに合わせてゆっくりとられており、利用者が好みの時間帯に食堂に行くと、利用者の顔を見てから盛り付けるというスタイルだった。食事の形態は、厨房から上がってくる食事をさらに、一人ひとりの好みや嚥下力に合わせて、食堂で介護職員が手を入れていた。この食堂としても使われているデイルームには、そのような運営を可能にするために、食事やおやつの時間以外でも、かならず常時1名以上の職員が張り付きになっていた。

またデイルームに行っても、どこに座るか決められた場所がないので、周囲の利用者の様子を見ながら、「ここに座っていいかしら?」と考えながら自分の座るところを決めなくてはならない。食事のときも同じで、何か落ち着かなかった。母は自分の世界をもっているので、このように気をつかうのは、むしろ家族である私だけかもしれなかった。

ただ、これは入所して間もないために、職員側も母の動きとそれによってケアをどうするか観察している期間のためだったようだ。最初のうちは、母は比較的しっかりしている利用者のグループで食事をしたり一緒に座っていたが、次第にそのようなグループからは距離をおくようになっていき、本来の自分を見せ始めたのだ。

2 利用者本位のHホームの方針

ここで、特別養護老人ホームHホームについて説明しておきたい。定員は170名であり、特養としては規模が大きいほうになる。従来型のホーム（94頁参照）で部屋は4人部屋、2人部屋、1人部屋があるが、母が入所したフロアでは利用者は40名が暮らしていた。母は2人部屋に入居した。入口にトイレ、洗面所があり、隣の利用者との間は障子や箪笥、ロッカーなどで仕切られ、準個室といったしつらえで比較的落ち着いた部屋だった。何よりも収納部分が大きく、季節ごとの衣類などたっぷり収納できるところが助かった。特養ホームはわが家同然なので、利用者個人の荷物も多くなる。フロア全体の構造は、中央に食堂兼デイルームがあり、それを取り囲んで三方に居室があるといった形で、残る一方の端からは、隣のフロアや催しなどができる大きなホールに通じている廊下となっていた。

食堂兼デイルームは片方にオープンカウンターがあり、職員が利用者を見守りながら盛り付けができるようになっていた。テーブルは背が高いもの、低いものがあり、利用者が倒れかかっても動かないがっちりとしたものだった。

このホームでは仕事がかなり分業化されていて、大きく分けて職務は、デイルーム（食堂）担当、お部屋周り担当、入浴担当となっているようだった。お部屋周り担当が排せつ介助を担当しているのか、いつの間にか、母のところに来て「ちょっとトイレに行ってみませんか」などと声をかけてトイレに連れて行ってくれた。おかげで母は後年に容態が急変するまでトイレで排せつすることができた。

ケアは定期的に開かれるケース会議で施設サービス計画を立て、それに基づいて行われていた。そのときには、家族の要望を聞くのが常だった。

日中の過ごし方は、集団リハビリ、季節行事や月々の誕生会など、またクラブ活動など多彩であった。行事やクラブ活動はホーム全体のものと、フロア単位で行われるものがあった。私が一番驚いたのは、経管栄養の利用者ばかりを集めての音楽療法だった。無関心そうな利用者もいたが、目が輝いている人、喜んで歌っている人など、それぞれがその雰囲気を楽しんでいた。それを見る私も、ここまでやるのかと感動したのであった。

このホームは家族会もしっかりしており、家族会のなかにボランティアの部会があった。その他に地域のボランティア団体も活動しており、たくさんのボランティアがホーム内のあちこちにいた。ボランティアは毎週喫茶店を開いたり、ホームと協力して行事を行っていた。職員は制服を着用していないために、はじめのうちは誰が職員で誰がボランティアで、誰が家族か見分けがつかなかった。

地域との連携としては「里孫制度」といって、近くの小学校の生徒と利用者が1対1で交流したり、女子高と連携し、お正月には生徒が個別の利用者に年賀状を出すなど個々の利用者の援助に着目した活動も多かった。

医療については、同じ敷地にあるH病院の医師2名がホーム担当として、いつでも診てくれた。看護師の夜勤はないが、夜間に何かあれば、H病院の当直の医師が駆けつけることになっていたので安心だった。医療については特養としてはまれなほど恵まれていたといえる。

さて、母のことに話は戻るが、翌日（8月22日）、昼に面会に行くとちょうどお風呂から上がったところだった。まだ慣れないせいか表情が硬い。昼食は今まで居たB園と同じく、濃厚流動食でゼリー食のようなものだったが、「おいしくない」と言う。H病院のレストランに連れていくと、慣れた場所なので顔が和らぐ。ホームに戻ってからは、母が何かと指図して私は衣類をロッカーや箪笥に整理したり、B園で撮ってくれた写真を壁に貼ったりした。

母は老健で個別リハビリを行い、身体機能がよい状態で特養に移動してきたため、大層活発で動きがはげしかった。ベッドからは何度もずり落ちた。そのため、柵をするとはずしたりするので危なく、入所後しばらくしてベッドをやめて畳を敷き様子をみることになった。

しかし1か月ほどで、腰痛などで職員に負担がかかるという理由で、再びベッドに戻った。低床のベッドを入れ、ベッドわきにはベッドとほぼ同じ高さのマットレスを敷いて転落対策としたが、相変わらずベッド上で活躍していた。

ある日ホームより私のところに電話がある。ベッドで寝ている際に自分で柵を外し、歩こうとして転倒、頭を打ち、こぶができたというのだ。すぐ医師に診てもらったが、「特変なし」とのことだった。やっぱり、やってくれたという感じだった。職員が気をつかってくれている様子がよくわかった。

夜の着替えを介助した際、母の下着をつくづく見ると、スポーツ選手のような伸縮のきくパンツをはきパットを当て、そのう

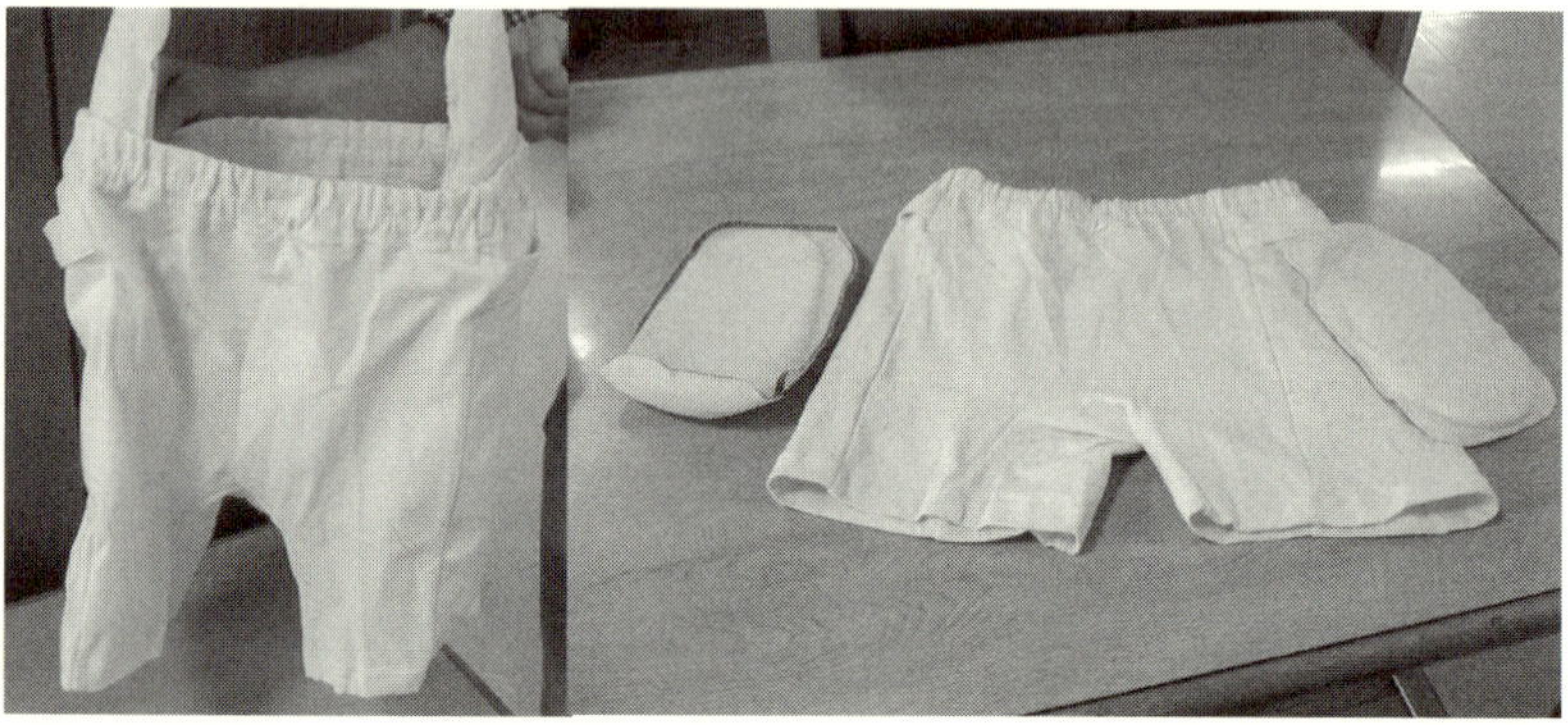

両側に保護材の入った転倒時の骨折予防のパンツ

えに転倒時に骨折しないように腰を保護するための、柔らかいプレート状の保護材が入るポケット付きのパンツをはいていた。このパンツは1枚4000円であるが、効果的なので3枚購入した。昼間はおむつでないことが嬉しい。

昼間は車いすに座っていることが多いのだが、これも問題だった。車いすから降りようとして、転落寸前になることが多かった。やむを得ずY字帯で固定してみたがあまり効果はなかった。

ホームでも母の行動的なことへの対策に悩んでいたのだろう。相談を受けた私が老健では「母のコーナー」をつくっていた話をすると、職員はすぐに老健のそのコーナーを見に行き、ホームでもデイルームの片隅に母専用のコーナーをつくってくれた。そこに母を座らせると、実におだやかな表情でのんびりと座っている。感謝、感謝である。

母のコーナーができたおかげで、Y字帯をして車いすに固定されて座っていることがなくなった。自由になった母は、テーブルに手をつき、体操のスクワットをやるように立ったり座ったりを自ら繰り返している。車いすに乗るときは車いすの背に母が立つと音楽が鳴る装置をつけ、音楽が鳴ると職員がすわっと駆けつけるのである。最後はやっぱり人手の問題である。

しかしそれでも危ないときがあるらしい。ときには母はいつものコーナーではなく車いすに座り、仕事をしている職員の傍らにいたこともある。職員が仕事しながら母を一緒に連れて歩いてくれたのだ。会議などにも母を連れて出席していることもあった。

特養では母は個別リハビリをやっていないようなので、足腰が弱るのではないかと心配したが、母は暇さえあれば自分でスクワットを行っているため、この心配は杞憂に帰した。

3 母の生活

ここで入所から1年ほどの間の母の暮らしについてふれてみたい。

●食事について

嚥下がうまくできないので、食事形態は濃厚流動食と高カロリー食だった。これは、普通の食事をミキサーにかけてゼリー状に固めたもので、私も試食したがよい味だった。母は認知症なので、やる気を出して自分で食べるときと、途中から遊んでしまって食べないときがあり、回数でいうと半分ぐらいは介助が必要だった。

フロアのパントリーには、のりなどの常備菜やお茶、紅茶、コーヒー、ジュース類など飲み物がストックされており、すぐに利用者の希望に応えてくれた。入所してしばらくしたある暑い日、おやつには最初冷たいお茶が付いていたが、職員から好みを聞かれて、温かい紅茶が好きだと言うと、さっと入れなおしてくれた。母は「おいしい」と言って飲んだ。それからは母には温かい紅茶を出してくれるようになった。

夕食時に面会に行ったときは、2人になれるように、デイルームのそばのクラブ室に母の食事を配膳してくれる。母の食事は色とりどりできれいである。本人もおいしいと言う。母は何度も「あなたも一緒に食べよう」と言う。

一緒に食べることはコミュニケーションをとることと同じ意義があるのだが、食べ物が違いすぎて、これは実行できなかった。かわりに昼間レストランに行ったときに、私がうどんを頼み、うどんを短く切ってあげると母も食べることができた。同じ食べ物を一緒に食べると一体感が生まれる。

●睡眠薬の中止

医療については同じ敷地内のH病院が全面的に支えてくれ、安心だった。秋にはインフルエンザの予防注射もした。母は歯科医だったせいか医療には理解があり、いろいろな検査などにも協力的であった。

頻繁に面会に行っていたが、それでもホームからよく電話連絡があった。母は自分のコーナーも乗り越えようとし転倒したが、怪我はなかった。また、喘鳴があり、苦しいとのことでバイタルチェック。呼吸が楽になるテープを貼った。いざというときは、病院の医師を呼ぶように引継ぎをしたが、翌朝は大丈夫だったなどである。このように何かあればすぐに電話連絡がきた。腰痛を訴えたときは、すぐに病院でレントゲンを撮ってもらったが、結果は多発性の圧迫骨折だった。腰痛は訴えるものの、起立したり、歩行は変わらずできるので、機能的には変化はなかった。

ところが、お正月を過ぎて急に衰えが目立つようになった。訪問しても母は疲れて眠っている。夕食に起こしても喉がゴロゴロしており、看護師に吸引してもらう。食事は全介助だ。ここ1週間ぐらい活気がなく、嚥下が悪くなり主食だけはおかゆだったが、これも流動食になる。痰が絡むので、朝夕吸引しているとのことであった。

1月中はっきりしない日が続く。首を支える力がなくなってきたのか、首をのけぞらせている。まっすぐにしようとすると「痛い」と言う。首を支える機能がついた車いすの購入も考える。もうダメかもしれない、最終段階の急速な衰退かなどと悲観的になる。

ところが2月のある日からにわかに元気になった。看護師さんに聞くと睡眠薬を中止したのだという。

私の現場時代に一緒に働いていた医師から、高齢者には薬の量を成人の6分の1にしていると聞いたことがあったが、高齢者にとって薬は本当に恐ろしいと感じた。それにしても母は復活し、気分ははればれであった。

●肺炎で入院

来月には95歳を迎えようという5月5日朝のことだ。ホームより電話があり、母が発熱したとのこと。午後一番で面会に行く。看護師の話では、午前中に医師の診察を受け、抗生剤を服用、レントゲン、血液検査は明日の予定、まだ熱は38度以上あるとのこと。喉がゴロゴロしており、吸引するが、すぐにまたゴロゴロして苦しげである。安眠できないのか、ベッド上で右に左にと身体を動かしている。午後4時過ぎにやっと入眠する。

翌日、仕事を終えて、母のもとには午後7時に到着した。熱は下がり、案外元気だが、炎症反応が強く肺炎との診断で、5月10日の月曜日に入院することになる。

飲食禁止となっているので、お腹がすくのか食べ物や飲み物の話をしている。病気だが活気はある。8時過ぎにおやすみを告げ、退去する。あとでそっと覗いてみると、ぶつぶつと独語をしていた。

5月10日、再びH病院に入院する。ホームの職員がすべての入院支度を整え、一緒に病院まで送ってくれる。入院が長引いてホームに帰れなくなるのではと心配したが、状態がよくなればまたホームで引き受けてくれるというのでひと安心した。入院したらすぐに退所を迫られるホームも多いのだが、ここはあくまでもホームの利用者として遇してくれ、入院しても洗濯物や日用品の世話は、ホームの職員が病院に来て行ってくれた。本当にありがたかった。

母は眠くないのか、しきりに話しかけてくる。何か食べたいという内容である。夕方、主治医に会えた。肺炎はかなりよくなっているが、当分点滴で治療するとのこと。禁食になっており絶食状態であるものの活気があり案外元気だった。眠ることも多かったが、10日ぐらいでお茶ゼリーを経口摂取で開始し、その2日後には流動食を食べることができるようになり、順調に回復していった。

5月29日、退院してホームに戻る。デイルームまで連れて行き、「ここどこかわかる?」と聞くと「忘れた」と言う。いつもの食事のテーブルまで行くと「わかった」。食事を口にすると「病院と違うね」

「おいしいね」と言う。

職員たちが集まってきて退院のお祝いを言われると、うれしそうに笑顔になる。無事に退院できたこと、しかも心身の機能がそれほど落ちていないことが、本当によかった。

寒い日が続き、また風邪をひかないかと心配をしていたが、退院してから母は気分スッキリ、快調の日々が続いた。

退院翌々日、午後母のもとへ行く。母のコーナーに落ち着き、ゆっくりと手足の爪切り、耳掃除、手足にクリームを塗りマッサージ、母は気持ちよげに、はればれした表情で応答もよい。『週刊朝日』をめくって眺めたりしている。

一度、爪切り中、深爪をして痛い思いをさせてしまった。「痛い」と言う。そのあと「我慢しないわ」「病院じゃないんだもの」と母。病院では治療のために痛いことでも我慢しなければならないが、ここでは違うことをちゃんと理解している。素晴らしい。

4 変わらない個性と母の本音

母の語彙は少なくなり、文章は短くなったが、言葉でのコミュニケーションはできた。言葉を発しようとして、思いつかない場合は、こちらが察して言葉にしてあげると再生でき、その言葉を使って会話をつないでいった。自分独自の世界に入り込みぶつぶつ言ったり、幻視が見えたりするときは別として、普段はこちらの言うことは理解していたし、記憶も瞬間的にはできるようだった。ただもう少し長い記憶の保持、再生は難しくなっていた。

母を見ていると、認知症の中核症状は物忘れとか理解力の低下というが、その中身をもう少し精査して考えることが必要ではないかと思う。また、認知症がすすむと人格が変わると言われることがあるが、母は認知症になっても最期まで人が変わることもなく、元気な頃の母そのままだった。たとえば、母の天真爛漫でファッション好きの性格は全然変わらなかった。ある日、何ごとか話しかけたいようなそぶりなので、よく聞くと、どうもお金の心配をしているらしい。銀行に預けてあり、一生困らないよと説明する。「わかったような、わからないような」と言うので、再度説明すると「わかった」とのこと。するとすぐに「ネックレスを買いたい」と言い出した。それでお金の心配をしていたのかと合点、このあたりが母らしい。そして、私のブローチにも注目、青いよく光る小さなテントウムシのブローチだったが「そういうのを、あと2個買おう。私もするから」と言っている。本当にアクセサリーが好きだ。さらに高島屋のカタログを見て、ベージュの裏付きカーディガンを買うと意思表示もある。

ある日はこんなこともあった。職員が菅直人さんが総理大臣になった話をすると「あれはダメよ。人相が悪いもの」と言ったとかで大笑いしたとのこと。私が母のほしがっていた乳液購入の話をすると「忘れないでね」と言う。「忘れるかもしれない」と私が言うと「書いておきなさい」と母。また、私の空色のスーツを見て「私も来年にはスーツを1枚買う」と言っている。自分の意見をはっきり表現し、自我がしっかりしている。

敬老の日、お印しばかりにロートンヌというなじみのお店のケーキを買っていく。最近の母は廊下寄りの小さな丸テーブルにいることが多い。定位置が何となく決まってきている。ケーキを見て大喜び。ケーキを食べ、お散歩をし、ゆっくりと過ごす。前にいた老健施設B園が賑やかだったせいか、このホームがとても静かに感じる。母にどっちがよいか尋ねると、しばらく考えていたが「静かなほう」（Hホーム）と答えた。

衣類を片づけたり、高島屋のカタログを見たりとのんびり過ごしながら、母と話していると、このホームがよい所との理解はしているようであるが、それでも最後にぽつりと「そんなでも（どんなによくても）他人のなかにいるのは嫌だ」と言った。

またある日には、帰ろうとすると、ソファに座らせても立って歩いて、ついて来ようとする。可哀想だが連れて帰れないのが悲しい。

B園にいたときと同じように、母はこれからどうなるかの予測がつけられなくて不安になることも多かったようだ。私が仕事で帰らなければならないことは納得してくれるが、これから自分がどうなるかが不安らしく「それで私はどうする?」と聞いてくる。おやつ、夕食のスケジュール、職員がいて、なんでも手伝ってくれることなど説明すると、そのときは納得した様子を見せるのだが、このような不安はその後も時どき口にし、そのつど対応しなければならなかった。

5 ホームで育まれる人間関係

老健もそれなりの社会を構成していたが、特養は老健と比べて比較的長期にわたって同じ利用者が暮らしているので、一層、社会としてのまとまりやつながりが強いようだった。

入所当初は、わりにしっかりした利用者と同じテーブルにつかせてもらっていた。しかし、母の認知症のレベルではかなりの介助が必要で、介助が必要な人たちと職員と一緒のことが多くなった。それでも職員の配慮なのか、ときには〝しっかり老人〟の仲間に入って座っていることもあった。

〝しっかり老人〟たちはやさしく母をいたわってくれた。たとえば面会に来た私を見つけると、「ほら来たよ、よかったね、待っていたのよね」と声をかけてくださる。また、このホームには利用者用の情報紙があった。母の入所の月には母がそのタイトルを書いた。記事として新入者である母の紹介と母が一生懸命練習してタイトルを書いたことが載っていた。〝しっかり老人〟はけっこうこれを読んでいるので、ホームのなかのことをいろいろと知っているらしい。

母は隣の女性利用者は食欲があり、むさぼるように食べ物を口に入れるのを見ていて「がっついている」と指摘したことがある。ひとりぼっちのときでも、ぼんやりと椅子に座っているようだが、しっかり周りを見ているらしい。そういえば「周りを見ているのが楽しいの?」という問いかけにウンとうなずいた。

こんなこともあった。昼食後に訪問すると、母は昼食を済ませているのに「昼ごはんを食べなきゃ」と言っている。持参したプリンを喜んで食べてくれる。一つ余ったプリンを母からいつも一緒にいることが多い利用者に「どうぞ」とさしあげる。「ありがとう」という言葉が返ってくる。母は本当に嬉しそうな顔をする。

いつも自分が人に「ありがとう」という立場で「ありがとう」などと言われることはないのだ。よほど嬉しかったのだろう。

ある宗教家が人の究極の幸せは「人に愛されること、人に褒められること、人の役に立つこと、人に必要とされること」の4つであると述べている。母も自分が人のために何かしてあげられるということが嬉しかったのではないだろうか。

自宅でヘルパーさんだけを相手にひっそりと暮らしていることを考えると、ホームは人間関係もあり、楽しみもあり、たえず刺激があるので、母のような状態の人にとっては、かえって充実したよい環境ではないかと思う。

職員に食事介助してもらっていたときのこと。テーブルに手をつき立ったり座ったりとスクワットをしながら、時どき幼い子どものように顔を職員のほうに傾け、口に入れてもらいながら食べている。職員を信頼しきっている様子がわかる。職員から「今日はスクワットが多いので疲れています」と言われたとおり、コーナーに戻ると居眠りを始めた。私は居眠り中の母の爪切り、耳掃除、手足にクリームを塗りマッサージをする。母は時どき目を開け、私を見て笑顔を見せ、またまどろむことを繰り返す。じつに平和な時間である。

別の日、昼食後に訪問、2メートルぐらい前から私を認め、笑顔で手を振ってくれる。職員によると、今日は朝から機嫌がよくて、みんなに挨拶しているとのこと。

入所して2年が経った頃のこと。「みんなが話しているのを聞くのがおもしろいのよ」と母が言った。面会に行くと、しっかりした利用者たちのいるテーブルについていた。しっかりした人たちだけに会話があるらしい。重度な人、中くらいの人、認知症の人、そうではない人、いろいろな人がいて、それが母にもよい刺激になっていて、楽しいらしい。

このように利用者がいて、職員がいて、家族がいてホームという社会が構成されている。これらがうまくかみ合うことによって、利用者にとってよいケアができるのだと思う。家族にとって親をホームに入所させることは、介護放棄でもなく親を捨てたわけでもない。ただ住まいを変えただけで、介護の主要な担い手であることは変わらないのだ。

6 頭のいい認知症

夕食前、お腹が空いたのか母は落ち着かなくなり、じっとできなくなる。「じっとしててね」と言っても「そんなことできない」、「できるだけでいいから、じっとしてね」と言っても「できるだけできない」など反論する。

また、ボランティアがやっている喫茶で、大根スープを飲んだときのことだ。おいしかったのか、こちらが手を出す間もなく、どんどん飲みほしてしまい、誤嚥した様子。本人は何ともないと言うが、看護師と相談し、吸引することになる。本人は納得せず、大騒ぎだったが、何とか引き出すことができる。「ごろごろを取らないと肺炎になって入院することになったら困るでしょう」と言うと、こちらの言葉をそっくり取って、「肺炎になって入院するとは限らない」と切り返してくる。あまりの見事な反論に看護師と2人で感心してしまった。

またある日、手を引くと5メートルほど歩けたときのことだ。病気で生死をさまよったのに、よくここまで元気になったと感心して、そのことを母に伝えると「またできなくなるかもしれない」と言っている。実に理路整然としており、びっくりさせられる。

3時過ぎ、おやつの時間、「ゆっくり、ゆっくり食べなきゃ危ないよ」と言うと「ゆっくり、ゆっくり食べたよ」と言う。こちらの言葉をオウム返しに上手に使って、自分の言いたいことを表現している。こんなやり取りができるのが、また楽しかった。

母はご飯を食べても満腹感がないらしく食べ物をほしがるので、お茶でも飲みに行こうかとごまかそうとすると「お茶ではお腹の足しにはならない」とのこと。結局、ヨーグルトを買ってきて2人で食べる。同じものを一緒に食べるのが楽しい。

別の日の午後、ケーキを食べたいと言うので、食事時間との関係から「もう少しあとのほうがいいんじゃない」と言うと「食べたいときに食べたい」と言う。なるほど、それはそうだ。職員にお皿を借り、紅茶を入れてもらい、2人でおいしくケーキをいただいた。

このようなやり取りを経験すると、認知症なのに、どうしてこんなに頭がよいのだろうかと感心してしまう。

認知症の人に対しては、薬より何より相手を全面的に信頼し、諦めずに常に関わりをもつことが一番の療法であると思う。医師に言わせれば、母は脳が萎縮しており重度のアルツハイマー病ということである。また、長谷川式の認知症スケールをみると、母が答えられるのは1~2問あるかないかなのだ。

7 95歳——体力の低下と認知症の進行

6月21日は母の95歳の誕生日だった。

職員の話によると肺炎が治り退院以来、とても頭がさえているとのこと。身体条件はかくも精神面に影響するのかがよくわかる。

このように95歳になってからも半年ぐらいは、まあまあ元気で意欲的に過ごしていた。しかし、その後半からは少しずつ心身の機能の衰え、認知症の進行によるものと思われる行動が出てきた。できなくなったり、またできるようになったりを繰り返して、本当に少しずつであるが、衰えが感じられるようになってきた。それは次のようなことである。

●旺盛な食欲

夕食が配膳されるやいなや自分でスプーンを取り、左手でコップを持ち、猛然と食べ始める。あまりにどんどん詰め込み、誤嚥の危険があるので、あわてて介助する。この誤嚥の危険性が出てきたので、食事は介助で摂ることになった。

その後しばらくして、夕飯を食べたかどうか尋ねると「食べてない」と言う。お腹は空いているか聞くと「空いてない」と言う。同じテーブルの向こう側のおじいさんが介助で食事をしているのを見ながら「ここは、平和でのどかだねえ」とつくづく言っている。

ある日の午後、訪問すると母はカウンターの向こう側で食事を準備している職員のそばで車いすに座っていた。たぶん落ち着かないので、職員が連れて歩いてくれているらしい。

「おばあちゃん、食事の支度をしているの?」と聞くと「いいや」とはっきりしている。「それでは食事の支度の監督をしているの?」と聞くと、微妙な返事。職員ともども大笑いしてしまった。

何を食べたかは、本人は言葉にならないので、いろいろ推測しながら聞いてみる。「エビフライ?」と聞くと「そう、エビフライ!」と嬉しそうだった。母はエビフライやステーキなどの洋食が好きなのだ。もっと食べたいと言うので、職員がグレープジュースをもってきてくれた。これも全部飲んだ。そして「ちょっとご飯を出してくれればいいのにね」などと言っている。

夏真っ盛りの暑い日のこと。外に出て私が「暑くて焼き鳥になっちゃうよ」と言うと、がぜん食べ物に興味を示し「焼き鳥が食べたい」「きくらげも食べたい」などと言い出す。職員も、最近はカタログや本を見ることもなくなり、食べ

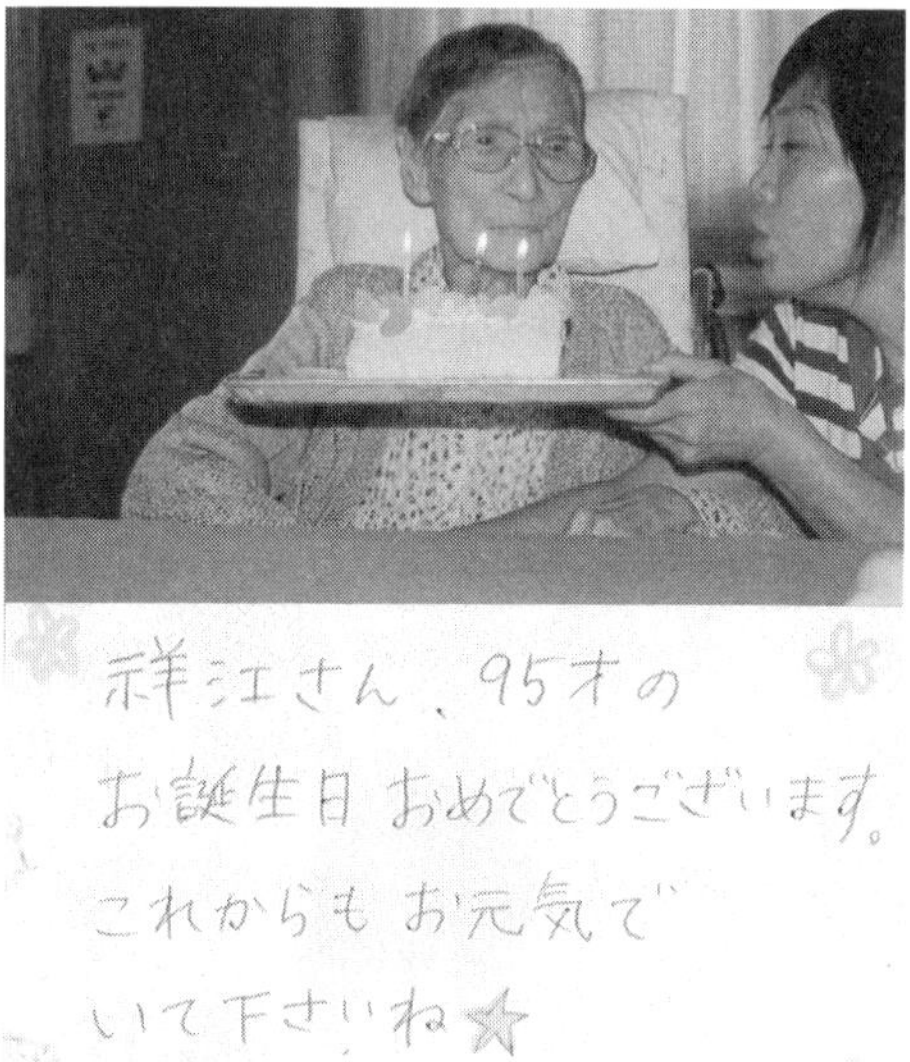
祥江さん、95才の
お誕生日おめでとうございます。
これからもお元気で
いて下さいね☆
H22.6.21.

物に関心があるらしいと言っていた。

職員が人手の関係ですべてを介助することはできないときもあるのであろう。そのうちに小さめの小丼5〜6個に少しずつ食事を入れて母が一つ食べると次の一つを渡すようにして食べさせている。この工夫は結構うまくいっているようだった。

職員から、今日はおさしみを食べる会があって、母はネギトロをしっかり食べたと聞かされる。母の記憶ははっきりしないが、食事に関する何かがあったことは覚えているらしく「お料理の講習会があった」と言っている。よかったね。

ある日は「口に入れるとカリカリいうのを食べたい」とも言う。お煎餅かと聞くと「おせんべい」と言う。いつも口に入れるととろけるような柔らかいものを食べているので、噛み応えのあるものを食べたいようだ。時どき、好物のロートンヌのケーキやソーメンを持参するのだが、いつも大喜びで食べてくれるのでこちらも張りがある。箸はまだしっかり使える。これは手続き記憶であり、保たれているのだ。

●2人のフミコ

7月のある暑い日のこと。「こんにちは」と言うと「こんにちは」と答える。しかし「フミコはどうした?」と言い、目の前の芙美子と母の思うフミコが結びつかないらしい。このようにして私のことも忘れていくようになるのかと思うと、一瞬、絶望的な気分になる。

また別の日、職員の介助で昼食を摂っているときに私が行くと、顔を見てあれっという顔をし「〇〇さん」と違う名前を言う。「娘の芙美子ですよ」と言い聞かせると、だんだんにわかってきたのか、普段の関係になる。またある日は、「芙美子（私のこと）が2人いる。おかしい、おかしい」と言い出した。「今ここにいるのが芙美子ですよ、ちょっと年をとっちゃったけど。芙美子も昔の芙美子ではないんですよ」と言うと何となく納得した様子。

この頃から芙美子が2人いるということをしばしば言うようになった。母の頭のなかにいるのは、子どものフミコなのかもしれない。それでは、目の前の芙美子は誰なのか？　頭のなかで描く力である対象保存ができなくなってきているのかもしれない。しかし、しばらくすると、きちんと認識はできるので、寂しいことではあるが、まだ完全にわからなくなったというわけではない。

暑い午後訪問すると、笑顔で「おかえり」と言ってくれる。「朝、あんたを探したのに、あんたがいないから、泣きそうになった」と言う。アイスクリームを食べたいとのことで、レストランに行き「冷たくておいしいね」と言いながら食べる。帰り際に職員に会ったので、私が「アイスクリームを食べてきたのよ」と言うと母はやおら「アイスクリームなど食べてない」と主張、あっけにとられた。物忘れは当然あるが、アイスクリームを食べた場面と帰りの場面の連続性がまったくなくなっているらしい。これほど素早く忘れたのははじめてで、母の物忘れも大したものである。変に感心してしまった。

夕方訪問する。母は夕飯はまだ食べていないと言っているが、職員に聞くと、もう召し上がりましたよとのこと。自分はまだ食べていないと言いながら「あなたもご飯食べていきなさい」と気づかってくれる。

●青春時代にいる母

母は大体においておだやかな、わりに活発な日々を過ごしていたが、辛さも抱えているようだった。つまりいろいろなことができなくなった自分を認識しているようだ。

秋のある日の夕食後、テレビの前でぽつりぽつりと会話。母が自分は無学だというようなことを言っている。いろいろなことがわからなくなってきている自覚があるらしく、そのようなダメな自分をさして無学という言葉が出たのではないかと思う。私が「とんでもない。おばあちゃんは専門学校まで出て歯医者さんだったのよ」と言うと「うすらはずかしい」と言っていた。

歯医者の頃の記憶は思い出せないらしい。どうも記憶は学生時代までになっているようだ。というのはある日、実習生が母と話をしていたが、それによると母は自分の夫をハンサムで好きになったと言ったそうである。また、はじめて生まれた姪の玲子の話をしたがる。「玲子ももうおばあさんよ」と言うと、「ふーん」と考え込んでいる。それから、やおら私に向かい「あなたの彼はどんな人?」と尋ねてきて私を面食らわせた。

母のアルバムからピックアップした写真をホームに持ってきて、時どき母と一緒に思い出話をしながら、眺めたりしていたが、この頃の母は、娘時代の写真は自分とわかるが、それ以降の歯科医として働いていた写真や高齢になってからの写真に写っている自分が誰かわからなくなっている。母は今が青春なのだ。

この頃はまだ字を少し書けたが、何か書きたいというので、紙とマジックを渡してみる。何を書いていいかわからない様子なので名前を書いてあげると、それを見て書き始める。自分の名前ともう1字「直」と書いた。夫の名前のなかの1字なので聞いてみると、そうだと言う。フルネームの見本を書くと、自分でも書いた。母の記憶はどうも父と交際していた日々に戻っているらしい。よい思い出として残っているらしい。母が自分の人生を肯定的に受けとめていると思い、心が温まる思いがした。

行動的にはできないことが増えているが、人に対する興味はもち続けているらしい。介護課長さんは、よく母に話しかけたり相手をしてくれたので、覚えているらしく遠くから来るのを見つけると「来た来た」などとよくわかっているようだった。介護課長さんとならんで母が意識しているのはK君のようだった。

K君がやってきて、母に「こんばんは」と言うと、K君をじっと見ている。私が促すと「こんばんは」と返事した。今年4月に大学の新卒で張り切って入ってきたK君は、当初、母からいきなり「バカ」と言われ、がっくりと自信を喪失していた。K君は背が高く細身でハンサムである。最初の出会いは不幸だったが、そのうちK君は母の大のお気に入りになった。気のせいか母はなんとなく意識しているようでもある。

●さまざまな機能の低下

秋になり体力が低下してきたと思われるエピソードが増えてきた。

職員から、昨日もコーナーのところで転んでいたが、原因として考えられるのは疲れて膝折れするからではないか、そのために午後1時間ほど昼寝をさせてはどうかという提案があった。早速おやつのあと30分ほどして昼寝に誘うと、ベッドに入るなりコトンと寝入ってしまった。毎日スクワットをやっているが、やりすぎかもしれない。95歳はやはり95歳の体力なのだ。これ以降、昼寝が欠かせなくなる。

ある日、着替え介助のときに母の腕を握り、そのときに腕に青あざができたようだと、職員から丁重に謝られた。今はガーゼを巻いて保護しているが、今後は腕を保護するためにウォーマーを外さないように気をつけるとのこと。母は「痛くない」と気にもしていないようだったが、老人の皮膚はとても薄く、弱いので、十分気をつけてくれていても、このようなことは多い。

その後、ホーム側で母のベッドのすべての柵や手すりなどをやわらかい布で覆うカバーをつくってくれたり、腕にウォーマーをしてくれたり、介助の際に強く握らないように気をつけてくれたりした。しかし、いくら気をつけても、皮膚が紫蘭色になることが多くなり、これは母の介護サービス計画の一大課題となった。寝ていても就寝中どこかにぶつけるらしく、両腕にあざをつくるのだ。

また、言葉の面でも徐々に低下が見られるようになった。言葉が話しづらくなり、また、間違えた使い方をすることがでてきた。しかし短い単語だが、とても核心をつく言い方をすることもあった。

会話のなかで「私がちょくちょくあなたのところに行くから」と笑顔で言う。私がちょくちょく来るのが、自分が行くことになっている。これは母のなかでは言葉を言い違えたのか、理解が逆転したのかよくわからなかった。しかし、少なくとも母と私の関係はきちんとつながっていることが表現されているような気がして心が和む。

夕方面会に行き、「こんにちは」と言っても無反応で、こちらの顔をじっと見ていることが増えてきた。しばらく話しかけるうちに、普段の関係が戻ってきた。

夕食について聞くと、おいしくないと意思表示したいようなので、「大したことないの?」と助け舟を出すと、わが意を得たように「大したことない」と言う。テレビの前に座りたがるので、テレビの前に行き、ちょうどやっていた、熱中症で多くの老人が亡くなった話を解説して聞かせると、とても話したそうに「私もねー」と言いかけるが、言いたいことを言葉として表現できず、黙ってしまう。理解はしているようなのだが、言葉での表現が難しいのだ。言いたいことが言えず、もどかしそうで、話すことを諦めてしまう。本人の心境を思うと可哀想でならない。

字を書くことも衰えてきた。午後いっぱいゆっくり過ごした日、珍しくお習字するというので、紙とマジックを渡すと、ひらがなで「よしえ」と書いた。字を書いたのは、昨年11月以来のことである。次の日もお習字づいていた。紙とマジックを出し、お手本に母のフルネームを書いてみせると、その横によし江と書く。「姓は?」と言うと安岡よし江と書く。なかなか達筆である。手を叩いて褒めると、私の名前の「ふみこ」も書いてくれた。

母は気が向くと自分で名前を書くことがあった。12月に入ったある日のこと、事務所で面会票に記入しに行くと、母は自分でボールペンを取り書きたそうにするので、その面会票を渡したが、書けなかった。もう字を書くのは無理になったかと思うと、ちょっと胸が詰まってしまった。

それからしばらくした日のこと、母は字を書いた。なんとか「やすおかよしえ」と書いた。それが母の生涯の最後の字となった。

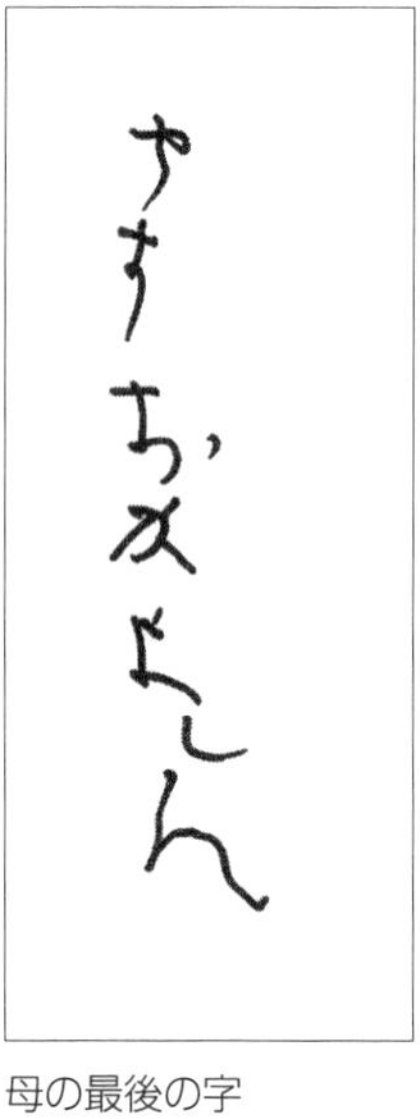
母の最後の字

職員から介護サービス計画を立てるにあたって、家族からの要望を聞かれたので、よだれが出るので、常に乾いたおしぼりタオルを持たせるように頼んだ。口をふくだけでなく、タオルを折ったり、巻いたりして、手遊びのおもちゃ代わりになるのだ。身の周りに何一つ自分のものがない、さわるものもないというのも寂しすぎるし、することがないというのは、ますます生活の内容が貧困になってしまうではないか。

母は三越と高島屋の通信販売のカタログを楽しみに見ていたが、それも見るより、めくるだけになってきて、最後はびりびりに破くだけになった。それでも破くことができることや、夢中になれることがあることは母にとってはとてもよいことだと思い、今日は三越、明日は高島屋と日替わりでカタログを持って行った。職員がスタイルブックを持ってきてくれることもあった。

8 変わらぬ母と私の関係

9月に入り、すっかり涼しくなった頃のことだ。母にカーディガンを着せる。2番目の孫が間もなく結婚すると報告する。お祝いについて聞くと「あげるものが何もない」と言う。私が銀行に行ってお金をおろして、お祝い金をあげようかと提案すると「そうする」と言う。

孫のお相手の写真を見せるが、あまり反応がなかった。しかし家族全体の名前を書き、「このお嫁さんを含めると全部で10人になった。これで子どもができると11人などと増えていって一家繁栄でいいね」と言うと、とても嬉しそうに笑っていた。この年代の人はこのようなことが、一番の心の張りになっているのかもしれない。

また、もち前の前向きで好奇心が強い性格が幸いしたのか、介護にも協力的であり、職員や私とのやり取りも楽しんでくれているようだった。とても機転のきく言葉をちょいちょい述べてみんなを感心させた。

お風呂に入ったあとで、顔や手足にクリームを塗る。手に塗っていると、「あんたがそうやったから手が痛い」と言い始める。驚いて何度も謝り、指をそっとなでる。母はとても優しく「まだ痛いけど、大丈夫」と私をかばってくれた。

また、母の手が口を拭ったためにちょっと濡れていた。「濡れているね」とおしぼりタオルを取ってくると、母は自分の手が濡れているという感覚が弱くなっているらしい。自分の手ではなく、私の手が濡れていると思ったらしく、私の手を取り、丁寧に拭いてくれる。片方が済むと別の片方を出させ丁寧に拭いてくれた。こうやって私のことをいつくしんで育ててくれたのだろう。

私の顔を見るとニコリとし「おかえり」と迎えてくれる。テレビも飽きて1階ロビーでお茶を飲む。そのうち「早く上に行こう」と言う。わが家にいる時分は1階で夕食を食べたあと、2階の私たちの部屋に行くのに「上に行こう」と言っていたが、そのニュアンスを彷彿させるような言い方だった。

ひょっとしたら、母は4階のデイルームを自宅の1階の食堂だと思っていたのかもしれない。そのあと食事が終わったところで「私も下へ行って食べてくる」と言うとすんなり同意したので、帰ることができた。母の認識だと、今は自宅の2階の自室にいて、私が自宅1階の食堂に行くと思っているらしい。このようなホームの部屋を自宅の部屋と思い込むことは、その後も時どき出てきた。私が帰るときに「私もちょっと下へ行って食べてくる」と言うと、「いいよ」とのことで退去することができた。

母をだましているみたいで心苦しいと言うと、職員が、「安岡さんわかっているのよ」と言う。そうかもしれない。母はもうすべてを許すような寛大な気分になっているのかもしれない。

少しずつ心身の機能の上がり下がりはありながら、それでもおだやかに95歳の1年を過ごすことができた。言葉数が減っているが、物事を理解する能力はあまり衰えを感じない。むしろ、瞬時、瞬時にはよくわかっているが、わかったことを保持し、言葉で再生して表現することが難しいようである。それでも私には何となくわかる。

コミュニケーションは相互関係から成立する。つまり発信者と受信者の相互関係で、発信者側の力がたとえ1ぐらいでも、受信者側が9の受信力があれば充分にコミュニケーションは成立する。認知症は理解力が低下するとされ、認知症の人とやり取りする場合、もうわからなくなっているとの前提でコミュニケーション自体が放棄される場合が非常に多いように思う。諦めないでむしろ、わかることを前提にコミュニケーションをとることが大事である。

母と私は最期まで意思疎通ができた。また人格の中核である人間性はちっとも変わらないように思う。母は認知症ではあるが知的でもあった。

9 96歳の日々

母はおだやかに過ごしているが、96歳を過ぎてますます言葉が減ってきた。たまに素晴らしいことを言ってびっくりさせられるが、こちらが母の意図を察して、いろいろ尋ねてみて、それに対して「うん」とか「いいや」とかの反応で意思を推測していることが多くなっている。また、体力が落ちているのか眠ることが多くなった。

あれほど元気で活発に動こうとし、ベッドや車いすから滑り落ちていたりしたのが嘘のようにおとなしくなった。あまり動きたがらないことが増えてきて、午後は眠くていつも昼寝をするようになった。昼寝の時間も長くなってきた。食事をするだけでも運動負荷がかかり喘鳴が聞こえることも多くなった。

夏のはじめ、いつものごとくデイルームで食卓についてソーメンを食べたりしていたところ、しっかりした利用者が母のことを「本当に幸せなおばあさんですね」と言ってくれた。利用者同士よく見ており、面会が多く家族がよく世話をしていると、この方は大事な存在として扱われているということで、尊重してくれるようだ。

ある日ちょっと傑作なことがあった。夕方到着すると母は居室で昼寝中だったが、よく見ると目を開けている。「起きる?」と聞くと、「起きる」と言うので介助して起こし、車いすに乗せてデイルームに行く。気分はよかったらしい。ご飯の準備ができたので、テーブルにつき介助で食事をする。メインは焼売だった。母の好物で完食。母に「ちょっと下に行って、私もご飯食べてきていい?」と聞くと「いかん」と言う。職員が「あら、急に関西弁になった」と言うと表情豊かににんまりと笑う。職員も笑って「あら、猫みたいに笑っちゃった」と言うと、またにんまりと笑う。本当に猫みたいな顔をして笑うので、みんなで大笑いになる。本当に愉快だった。本人がいて、家族がいて、それをあたたかく見守る職員がいて、その関係が実に親密なのだ。

デパートのカタログは、すべて精出して破いてしまい見るものがなくなったが、とてもやさしい利用者のおばあさんが、スタイルブックを持ってきてくれたので、それを見ることになった。こういう人間関係の広がりがあるのはホームのいいところである。

秋のある日の夕方のことである。母は昼寝から覚めたところで、身なりを整えデイルームに行く。しばらくして夕食になり、私の介助で完食。7時になったので帰ろうかと思うが、同じ利用者のUさんが、娘に連れてこられ同じテーブルで介助されながら食事を始めたので、私が帰ると母が寂しい思いをするだろうと思い、Uさんの娘さんが帰るのを待っていた。

そのうち、母の希望で職員に紅茶を淹れてもらい、母に飲ませていると、ひとりになったUさんが母を羨ましそうに見ていた。このような気持ちは微妙なものでなかなか難しい。

秋の雨の降る寒い日であった。私が到着すると母は遠くから私を認めてにこりと笑い手を振っている。母は、しっかり老人のグループに入っていた。お隣の老婦人が母を見てニコニコといたわってくれるような感じ。おとなしく爪を切らせている母を見て、声をかけてくださる。こんな日は心があたたまる。

ここのところ、〝しっかり老人〟のなかにいることが多い。面会に行くと私の顔をはっきりと認めニコリ。ときどき話しかけようとするが、うまく言葉にならない。しかし、こちらの言うことは理解し、イエス、ノーははっきり示す。〝しっかり老人〟のなかにいるほうがよい刺激を受けるのか、母もしっかりするようだ。

ボランティアさんの活動も母の楽しみであった。いつもは玄関ホールで喫茶店を開いてくれるのだが、ある日は娯楽室でお好み焼きを焼いているとのこと。母に伝えると「行く行く」と大喜び。

濃厚流動食の人でも食べられる工夫をしたお好み焼きなので、母はフォークを使って自分で食べる。1枚丸ごと食べようとするので、ナイフで切ろうとしたところ、取られると思ったのか、抵抗される。てんやわんやしながらも、母は2枚を平らげ、大満足であった。しきりに話しかけてきて、とても多弁であった。

ある日はホールのほうから音楽が聞こえるので、母を連れて見に行ってみた。利用者、小学生や幼稚園児ぐらいの子どもたちとそのお母さんたちのボランティアが、エルガーの「威風堂々」のメロディーをバックに、振り付けし、太鼓、シンバルなどを叩いて、ハミングしている。とても上手で感動的であった。母はそれほど音楽好きではないが、興味をひかれたのか、1曲終わって帰ろうかと言っても「ここにいる」と言って見ていた。認知症であっても、感性は残り、よい芸術には感動するのだ。

10 さらに深まる母娘関係

母はこの頃からとても素直に「ひとりでは寂しくていやだ」「一緒にいてほしい」「一緒に寝ようよ」

などの言葉を口に出すようになった。私をとても頼りにしていることを表に出すようになった。この点は以前の自我のしっかりした誇り高い母からは少し変わってきたようだ。それが私には寂しくもいじらしかった。

梅雨時のある日、母の今日のおやつはチョコレートパフェだった。一口食べて「おいしい」と言う。おやつのあとしばらく寄り添っていたが、目が閉じそうになっていたので、4時頃ベッドに寝かせる。ベッドサイドに付き添い、本を読んでいると、1時間近くで目を覚ました。「どうする。起きる？もっと寝る？」と聞くと「寝ている」と言う。そして私をじっと見つめ、「ありがとう」と言う。目覚めたときに私がいたことを感謝しているらしい。私も嬉しかった。

いつものように、静かに2人の時間を共有したとき。特別なことがないことが幸せで、誰にというわけではないが、すべてに感謝したい気持ちになる。

1日おきに面会に行っているが、1回抜け4日ぶりに行ったときのこと。「しばらく来なかったね」と言う。わかっているのだ。日にちなどの見当識はなくなっていても、娘がきちんと来てくれていること、ところがこの度は来なかったことを理解しているのだ。

またある日は散歩の後、母のコーナーで爪切りをする。母は安心しきった表情でうつらうつらと居眠りをしている。おやつの後も、やっぱり眠そうなのでベッドに戻すとすぐ眠る。そばで雑誌を見ていると、母がもぞもぞ動き始めたので「どうしたの？」と声をかけると、「いてくれたの？」と言う。その後はおとなしくじっとしているが目は開けていた。「お母さんのお母さんはね」と話し出す。

母はその母を故郷において上京してしまい、何もしてあげられなかった。そのことを言っているらしい。そういうことを言いたいのかと聞くと頷いていた。

母のコーナーで新聞、雑誌をめくり静かに過ごす。散歩に誘っても嫌とのこと。私が仕事に戻るために「仕事に行ってくるから、遅くなるから先に寝てね」と言うが「さびしいね」と納得してくれない。職員も来てくれ「夜は私が一緒に寝ますから」と言ってくれてもダメ。離れようとして振り返ると、おいでおいでをする。こういう日は本当に切ない。

ある日は、眠いと言って動きたがらないので、そのまま寄り添う。3時前には部屋に行きベッドに横になる。「今日は一緒に寝られる?」一緒に寝たいね」と言う。ホームの許可を取って、母のベッドの傍らに布団を敷いて、夜一緒に寝ることを母に提案すると喜んでいる。職員に相談すると、「できますよ」と言ってくれた。また「もう1回デパートに買い物に行きたいの?」と聞くと「うん、行きたいね」と目を輝かせた。

まだ9月の終りだったが、急に冷え込んだ日のこと。相変わらずテレビを眺めたり、カタログを見たりして過ごした。その日は母が素晴らしいことを言ってくれた。「自分はどうでもよいけれど、子どもたちには一番いいものをと思ってきた」と言う。思い当たることも多く、涙が出てしまう。

秋がめぐってきた。午後3時頃、母のもとに到着する。母はとても元気で言葉も多い。屋外まで散歩したり、紅茶を飲んだりする。いつもは昼寝の時間なので「眠くない?」と聞くと「あんたは眠いの?」と逆に聞かれた。

そのうち「ベッドに横になってみる?」と誘うと「寝てみる」と言うので、寝かせる。少し眠ったが、何かにびっくりしたようで、すぐに起きて私に抱きついてくる。しっかり抱きしめ、よしよしすると落ち着く。すっかり母娘逆転である。いじらしい。

そのうちまた横になったので「電気消そうか、どうする?」と聞くと「あなたはどっちがいい?あなたのいいようでいいよ」と言う。あくまでも相手のことを考えるやさしさがあるのだ。

11 終末期へ

そして冬になる前のこと、相談員と施設サービス計画について話すなかで、ターミナル(終末期)についての意見を聞かれる。経鼻経管は困るが、状態によっては胃ろうもやむを得ないことを伝えておく。母は生きることに意欲が強く、どこまでも前向きなのだ。できるかぎり本人の希望に沿い、長生きさせたいと思う。

多くの人は胃ろうは手術をして身体を切り刻む、経鼻経管はそのようなことはないので手軽だと考える傾向があるが、胃ろうは内視鏡下でボールペンの先ぐらいの穴をあけ管を通すだけ。また胃ろうを取り付けても、経口摂取と併用できるが、経鼻経管はたえず異物感があり、また定期的に管の取り換えが必要で、かなり苦しがる人も多い。生活の質という観点からみると胃ろうのほうが優れていると私には思えた。

師走となった。1回面会が抜けて行くと、笑顔で迎えてくれたが「ちゃんと来るのよ」と言われた。わかっているのだ。すまないと思う反面、わかっていることを嬉しく思う。私も来年3月には定年退職、そうしたら、ゆっくり一緒にいられるねと言うと、「いいね」と喜んでいた。一緒にいるのが一番よいと言う。

今年も最後の大晦日、母は元気だが眠いらしい。反応がやや弱い。居眠りしそうになるので、ベッドに行こうかと言うが嫌とのこと。「ひとりはさみしくていやだ」と言う。では、眠りに入るまで私が見てあげるからと言うと「ありがとう」とはっきり言う。ベッドに入ってもらい「おやすみ」を言うと頷いていた。

私が母の部屋に泊りこんで一緒に寝ることは、そのうちにと思っていたところ、母が急変し実現しなかった。デパートでの買い物はケアプランをつくり、準備してデパートにショッピングに行くことにした。午後に出かけるので、昼寝を午前と夕方の2回にするようにした。これは母にとっても私にとっても楽しみなことだった。でもやはり急変で実現しなかったのは残念であった。

認知症の進行は本当にゆっくりだったが、2年半の在園期間のあとのほうには、言葉が出にくくなるとか、体力が弱くなるなどが見られるようになった。ただし、言葉が少なくなることに必要以上にがっかりすることはない。精神活動を氷山にたとえれば、言葉とはピークの部分であり、その

表6　デパートへ行くケアプランとグループ活動

Y さんの取り組みについて

◆目標◆

来年の春、暖かくなった頃にデパートに外出したいなぁ・・・なんて考えてます。

横臥時間を分散し日中に活動できるような生活のリズムを作りたい
その時間ができることによって、安岡さんがいろいろな方たちに囲まれ穏やかに過ごせたらと考えます。
本人が楽しめて落ち着いて参加できる活動を一つでもみつけたいな。
それに向けてまずは・・・新しいケアプランです。

↓

生活全般に解決すべきニーズ	援助目標				援助内容			
	長期	期間	短期	期間	サービス内容	担当者	頻度	期間
1日中起きているのは疲れる	生活のリズムを作る	6ヶ月	休む時間を作る	3ヶ月	午前11時くらいからと午後5時くらいからそれぞれ1時間程度横臥	介護士	毎日	6ヶ月
人との交流がしたい 親しみあるものに囲まれて暮らしたい	余暇を充実させる	6ヶ月	楽しめる活動をみつける	3ヶ月	グループ活動に参加 デパートのカタログをみる 家族に囲まれて過ごす	介護士 看護師 家族	毎日	6ヶ月

グループ活動日程表

日	月	火	水	木	金	土
16日	17日	18日	19日	20日	21日	22日
DVD鑑賞	歌の会	お手玉	紙芝居	誕生会	一輪挿し	アロマテラピー
活動の様子	活動の様子	活動の様子	活動の様子	活動の様子	活動の様子	活動の様子
談話室テーブルにてみるが5分で立ち上がり頻回になり終了し早めに横臥	童謡は隣に座って歌うことができた比較的落ち着いて参加できた	口に運んでしまったため終了	みません！	落ち着いて参加 笑顔あり	やりません…と一言	落ち着かず立ち上がり頻回横臥
日	月	火	水	木	金	土
23日	24日	25日	26日	27日	28日	29日
音楽鑑賞	歌の会	ハンドマッサージ	カルタ	計算ドリル	書道（11月のお題で6枚）	
活動の様子	活動の様子	活動の様子	活動の様子	活動の様子	活動の様子	活動の様子
落ち着かず立ち上がり頻回横臥	われかんせずだがずっとタオルをいじっていて立ち上がりなく過ごせる	落ち着いて参加 気持ちよさそうにうっとりしてました。	カード集めてしまいゲームにならず最後までいられた	立ち上がり頻回	ご家族面会、娘さんと1階のラウンジでゆっくり過ごされたそうです。	おやつ後から立ち上がり頻回 まったく落ち着かず横になる

※御家族と過ごされた時は、どこに行かれたか、どんな様子だったのかうかがって記入して下さい。
御家族と職員が一緒にケアするという事を意識して取り組んでください。

担当

下や、さらに水面下では精神活動は行われている。面会が抜けたことをちゃんとわかっているように、言葉では表現できなくても記憶、理解などの精神活動は行われていることを暗示するエピソードは随所に見られた。このような能力は現在の認知症の診断や検査では見逃されている。

心身の機能の低下とともに、私を頼りにすることも多くなり、母子の関係が逆転したかと思われることもあった。しかし、母としての娘に対する思いやりはさらに純化され、お互いの思いは自然に通じ合い、それぞれが生きる励みになっていたように思う。このような関係を維持しながら、母が生きることを可能としてくれた人や環境すべてに感謝してHホームでの生活は過ぎていったのである。

第5章

最期のたたかい

96歳を過ぎ、さすがに心身の衰えは進んできたが、ホームでのおだやかな生活は続いていた。ところが再度の骨折で状態は急激に悪化した。入院し、肺炎、インフルエンザを罹患しながらも一つひとつ克服していった。

胃ろうを造設し元気になりホームにもどったが……。この章では骨折から亡くなるまでを振り返りたい。

1 再びの骨折、そして入院

1月27日、ホームから電話で、母が右大腿骨頸部骨折と伝えられた。午後4時に面会にいった。昨夕より足の痛みと喘鳴があるのでH病院で診察を受けたところ、心臓には異常がなかったが、骨折が判明した。すぐには入院できなかったのでホーム担当の医師（H病院の医師であるがホームの担当医でもある内科医）の管理のもとホームで寝ていた。月曜日には整形外科の医師と会い、今後の方針を決めてほしいとのことだ。

転倒も転落もないので骨折の原因は判明しない。高齢のために骨が弱くなりちょっと動かしただけで折れたのかもしれない。高齢期を生きるのは大変なことだ。痛がっているのではないかと心配したが、母は薬のせいでコンコンと眠っていた。

次の日もとろとろと眠っていた。この時点では、以前も骨折で手術をしてすぐよくなった経験があったので、手術すれば何とかなるだろうとの気持ちがどこかにあった。とりあえずは痛がらないので助かる。

翌日、ホームの職員と兄、私で整形外科の医師の話を聞く。骨折に対しては手術をする必要があるが、体力的に耐えられるかの検査が必要だという。手術の日は2月8日しか予定が入れられないとのこと。転倒も転落もないのに骨折したというので、ホームの職員も同行し原因について、何か考えられることはないか医師に質問していたが、はっきりした原因はわからなかった。入院はホームと病院で相談するらしいが、ホーム担当の内科の医師によると、ベッドが空いてないのですぐには入院できないとのこと。ただ本人の居心地としては、ホームのほうがよいでしょうとのことだった。

整形外科の医師と面談した後、母のもとに行くと元気よく意味不明のことをしゃべっていた。昼食は普段のものでは心臓に負担がかかるというので、ゼリー食を食べさせてもらっていた。このあとは面会に行ってもとろとろと眠っていることが多くなっていく。

その後、ホーム担当医から肺炎を起こしているし、骨折部の出血のために貧血であることから、この治療のために手術が先延ばしになること、明後日併設のH病院の整形外科病棟に入院することなどが伝えられた。

2月2日、午後1時30分にH病院に入院した。部屋はナースステーション前の1人部屋で看護師たちも明るく親切だった。兄も仕事を抜けて来てくれた。母はウツラウツラしている。看護師たちが声をかけると小さな目で返事する。酸素吸入をしており、貧血に対しては輸血が必要だとのことである。早くよくなり、またホームに戻れるといいなと思った。

結局2月4日に輸血を行った。しばらくすると黄ばんだ皮膚が赤みをおびてきた。効果絶大の模様。まだまだ生命力がある。以前に心筋梗塞で重篤な状態から復活したように、また復活してほしいと心から願う。

しかし、貧血、肺炎などは輸血や点滴などで一時的には小康状態となったが、結局、骨折に対する手術に耐えるだけの体力は戻らなかった。内科病棟に移り、整形外科医からホーム担当の内科の医師が病院でも診てくれることになった。その後もST（言語聴覚士）による食事指導や評価も行ったが、食事をすれば肺炎となり発熱し、安定しない状態が続く。

最終的には食べ物の経口摂取はできなくなった。そのうえ関節の拘縮が始まり、特に首がのけぞったようになり、触ると痛たがった。しかし、このような状態でも時どきしっかり目覚めて、少ない言葉やまなざしなどで意思表示をしてくれた。

母の状態は高齢者によくある、だらだらとはっきりしない状態が続く終末期の様相を呈しているのであった。

2 終末期の考え方

ここで終末期について述べてみたい。

当たり前だが、人生には終わりがある。その最後の段階である終末期には事態の進行速度により、急性型（救急医療等）、亜急性型（がん等）、慢性型（高齢者、植物状態、認知症等）があるといわれている。このように終末期も一律ではないし、すべてをひっくるめて考えるのは乱暴なことだ。高齢者の終末期の多くは、この慢性型にあたるものである。

２０１２年には日本老年医学会が「高齢者の終末期の医療およびケア」に関して「立場表明」をしている。そのなかで「終末期」とは、「病状が不可逆的かつ進行的で、その時代に可能な限りの治療によっても病状の好転や進行の阻止が期待できなくなり、近い将来の死が不可避となった状態」としている。

そのうえで、終末期に臨むにあたっての11の立場を示している。そのなかの一部を紹介してみよう。第1に、いかなる要介護状態や認知症であっても、高齢者には、本人にとって「最善の医療およびケア」を受ける権利があるとして、年齢による差別（エイジズム）に反対している。第2に、高齢者の終末期の医療およびケアは、わが国固有の家族観や倫理観に十分配慮しつつ、患者個々の死生観、価値観および思想・信条・信仰を十分に尊重して行わなければならないとして、個と文化を尊重する医療およびケアの立場を明確にしている。第3に、高齢者の終末期の医療およびケアにおいては、苦痛の緩和とQOLの維持・向上に最大限の配慮がなされるべきであるとし、本人の満足をもの差しにして判断にあたることを謳っている。

つまり、認知症であっても最善の医療とケアを受けられることが前提となったうえで、終末期をどのように過ごすかの判断が求められるのだ。このような基本的立場を頭においたうえで、母の例をとって終末期の実際を考えたい。

母もそうであったが、特養の利用者は7〜8割が認知症だと言われている。認知症の経過のなかで末期になると、嚥下障害が起こり誤嚥性肺炎になるが、一般に嚥下反射の極度の低下、消失、つまり食べ物をほとんど食べられない、食べられても十分な水分や栄養が摂れなくなった時期が、終末期医療の開始時期と考えられる。

この時期にどのような医療を行うかについては、厚生労働省から「終末期医療の決定プロセスに関するガイドライン」が出されている(http://www.mhlw.go.jp/shingi/2007/05/s0521-11.html)。

それによると、最初に、患者の意思の確認ができる場合は治療方針の決定に際し、患者と医療従事者が十分話し合いを行い、患者の意思決定を文章にまとめておく。次に患者の意思が確認できない場合、患者の意思が推定できる場合は、その推定意思を尊重する。患者の意思が推定できない場合は家族との話し合いで決定する。

では実際に、嚥下障害が疑われる場合にどうするかを見てみたい。経口摂取では水分やカロリーが不十分であり嚥下障害が疑われる場合、医師、言語聴覚士などの専門家による嚥下力の検査と評価が行われなければならない。ここで治療可能な疾患については除外し、また、姿勢や食事形態の変更で経口摂取が可能な場合は、それを実施する。

母の場合は医療が充実したホームおよび老健にいたので、十分な治療と評価ができた。そのうえで経口摂取は無理と判断された。しかし、一般に特養でここまでの過程をきちんと踏んで、本当に終末期かどうか判断できる医療体制にあるところは少ない。多くの特養の医療体制では、昼間は近隣の病院やクリニックの医師が週何回か診察に来る程度であり、夜間や医師不在時の変化については救急車を呼ぶしか方法はない。

嚥下が困難となり仮に誤嚥性肺炎などで発熱した場合には、救急車で受け入れが可能な病院に搬送されることになる。そこでは、普段の利用者を継続的に診ていない医師が診療にあたることになり、本人の普段の状態や経過、意思や背景などを知らないままに、終末期と決めてしまい、家族に延命するか、自然死させるかの判断を求めることになるのである。この場合の延命というのは、経管栄養にすることを指す場合が多い。また、自然死というのは延命措置を行わず看取るということであるが、なかには治療可能な病気が含まれていることもありうるので、精査されないで決めてしまうと見殺しになるという危険性もある。

終末期であることが明白であり、そのうえで、どちらを選ぶかは、まず本人の意思、本人の意思がはっきりしない場合は家族の意思になるが、かならずしも本当に意思に沿う決定にはならないことがある。なぜならば、一般に特養では経管栄養の人の受け入れには消極的であり、受け入れ可能なホームでも人数の上限を設定しているところが多い。そうなると、経管栄養にするとホームから退所せざるをえなくなる場合もあるからだ。

また、療養型の病院では、受け入れ可能であっても費用が高額となり経済的に払いきれない、あるいは経管栄養のほうが手がかからないという理由で、安易に経管栄養にするなどの問題が出てくる。そうなると本人や家族の経済力によって、判断が左右されることになる。ちなみに、嚥下障害があり肺炎を繰り返す認知症の人の場合、平均だが経管栄養では1～2年、無治療の場合は数日から一週間程度で死亡を迎えるという報告もされている。

Hホームおよび H病院では自然死か経管栄養による延命かのどちらを選択したとしても、本人家族の希望に沿って対応してくれた。自然死、つまり経管栄養などをせず看取ることを選択した場合は、ホームで個室を準備し、家族ともども最期のときを親密に過ごせるようにとりはからう。職員も頻繁に部屋を訪問し、ケアに努める。医療としては点滴により水分を補給するが、最後の段階では水分補給も徐々に少なくしていき、最期を迎えるのである。

母の場合は、経管栄養のなかでも胃ろうを選んだ。誤嚥性肺炎を繰り返し起こすようになっても、母は生きる意欲が強く、もうまなざしも合わないことが多くなってはいたが、そんななかでも時どき意思疎通ができ、あれをしたい、これをしたいという状態だったからだ。

3 胃ろうの造設

しかし、胃ろうの造設まで、母の容態をもっていくのが大変であった。口からの栄養が入らないために、中心静脈栄養にした。これで栄養が入ったことでかなり元気になってきた。

3月21日、母は覚醒しておりコミュニケーションがとれた。「痛いところない?」とか「大丈夫?」という問いかけに対して「何ともならない」と返事が返ってきた。これは、母のはじめての弱音だった。そうだよね、何ともならないね。母はずっと自分の意思で生き、生きることに積極的にたたかい続けた人である。その母が自分の状態をもって、もう何ともならないと言っているのだ。返事の言葉もなかった。気を取り直して、私の近況などを話すと、うなずきながら微笑を浮かべてくれた。その微笑に少し救われた。

しばらく落ち着いた状態が続き、もうそろそろ胃ろうを付けることも射程に入ってきた頃、なんと3月26日にはインフルエンザにかかってしまったのだ。

面会謝絶のなか、私もマスクをしてガウンを着て、母のベッド周りのカーテンの隙間から母を覗くのだが、母は痩せて小さくなった顔に大きなマスクをして苦しそうに寝ていた。医師からは若い人とは違い、回復にどのぐらいかかるかはわからないが、数日後には普通に面会できるようになるだろうと説明があった。

4月はじめにはインフルエンザも落ち着いたが、全身衰弱のために貧血となり輸血した。

4月6日には多少の微熱はあったが、問題はないとのことで胃ろうの手術を行った。手術といっても内視鏡を見ながらボールペンの先程度の穴を開け管を通すだけなので、手術室ではなく内視鏡室で30分ほどで終わった。病室に戻ると血圧も落ち着いていたし、熱もなくよく眠っていた。

万歳、胃ろうがついたぞという気分である。これで栄養が入り元気になってくれればこれに勝るものはない。胃ろうだと主なる栄養は胃ろうから入れるが、お楽しみ程度に多少は口から食べることもできるとのことであった。

胃ろう造設後一週間ぐらいから最初は水分だけを少し注入、それがうまくいくと、栄養分を最初は１００カロリーから少しずつ増やしていき、そのうち１食４００カロリーぐらいにするということである。

4月11日、経過がよいのかベッドを起こして寝ていた。話しかけるがあまり反応がない。今日は熱もなく元気そうなのに。ＰＴがやってきてリハビリを始める。「安岡さん、力を抜いて」など話しかけると指示に従う。「上手ですね」と褒められると、何か返答している。まだ言葉はわかり、言語応答の意思はある。私が痛くないか聞くと「痛くない」と答えた。

拘縮しているほうの膝は、リハビリの効果で90度以上伸びるので、うまくいけば車いすに座れるようになるかもと思ったりする。胃ろうは明日水を入れてみて調子がよければ、明後日から栄養を入れるとのこと。明日の面会が楽しみである。

4月12日には水分、その後は流動食を100カロリーから入れ始め、徐々に量を増やしていった。

4月のある日、そこで母の本音とおぼしきものを聞き、目の覚める思いだった。暖かいよい日である。母は氷枕はしていたが元気。流動食100カロリーを入れる。言葉は多いが了解できた言葉としては、「知らない人ばかりで怖い」。

病院では医師、看護師、PT、OTなど病気を治すためにいろいろな人がいるという説明すると「何するかわからないので怖い」と言う。母の側から見ればそうかもしれないと納得させられる。たしかにホームは慣れた職員がいておだやかで平和な社会だったが、病院は突然連れてこられて、いろいろな人が入れ代わり立ち代わり出入りする。本人から見れば苦痛を伴うことばかり行うので気が気でないのだ。

午後からはPTが来てリハビリを行った。「痛いですか?」との問いかけに「痛くないです」と言うものの、痛そうな顔をしている。PTが、「お終いです。お疲れさま」と言うと、とても嬉しそうな顔でニコニコ笑っている。今日は母の気持ちや意思のやり取りができ、私の気分も明るくなった。また胃から栄養が入るとこんなに元気になるのかと驚かされた。

病院ではずっと毎日リハビリを続け、母の拘縮した手足もずいぶん柔らかくなり、これで車いすにも座れるだろうと思えるようになった。入浴も容態を見ながら定期的にさせてくれている。しかし医師からは、肝臓の数値が悪く治療しているとの話があった。ずいぶん長く抗生剤を使ったせいなのかもしれない。

4 ホームへの帰還

やっと退院までこぎつけた。しかし、結局すぐに再入院してしまい、ホームでの日々は短かったのだが、胃ろうの利用者としてホームでどのように生活していたか、ケアを受けていたかについて述べてみたい。

5月11日

母は迎えに来たホームの職員、お気に入りのK君と看護師に抱えられ、リクライニングの車いすに乗り、久しぶりにホームと病院の渡り廊下で外の空気と日差しを浴びて退院した。ホームでは今までの部屋の隣の2人部屋におさまる。すぐに着替え。病院での寝間着から下着、シャツ、カーディガン、ズボン、靴下と身なりを整え人間らしくなる。メガネをかけると、とてもしっかりした表情となった。デイルームでは次々と職員が来てくれて退院を祝ってくれた。

母に「ここに前いたことがあるの覚えている?」と聞くと、力強く「うん」と答えた。

5月14日

午後面会に行くと、母は部屋で寝ていたが、昼食時には職員が車いすに移乗させ、デイルームの経管栄養のグループに入る。このフロアには5～6人の経管栄養の利用者がいた。経管栄養の人たちの食事の世話は看護師が行う。

母の食事は白湯、次に流動食を４００カロリー注入する。ホームでは４００カロリーを1日に2回入れることになる。看護師が母に話しかけると、言葉での返事はなかったが、こっくりとうなずくことで、意思疎通ができていた。午前中はよく言葉を発していたとのことで、「何か食べ物をください」と言っていたようだ。口から食べ物を摂らないために満腹感がないのだろう。

いつも気にかけてくれるボランティアのリーダーさんがやって来た。ご両親の介護を終えた方だが、自分の経験から、「またきっと口から食べられるようになりますよ」と励ましてくれた。胃ろうなので、前開きの衣類がよいかと思ったが、職員は上手に更衣させてくれ、今までの服が着られたし、入浴も変わりなく入れた。私からは、職員に歯科による口腔ケアと自費でよいから母の座りやすいリクライニングの車いすを購入することを頼んでおいた。

5月16日

今日は車いすの会社ドルフィンが来て車いすの採寸を行った。実際に望ましい形のリクライニング車いすに乗ってみて、さらに各部分を母の体形に合わせるために改造することにしたが、そのままでも身体によくフィットしているために気分がいいようで母はすっかりリラックスでき、手足の拘縮も自然に伸びた。

車いすが身体に合うと、こんなにも表情まで和らぐのかと感心してしまった。よく病院や施設で使っている座面が布製の折りたためる車いすは、本来、移動用のもので長時間車いすに座っている人には快適とはいえないものだ。

5月18日

母はデイルームに座っていた。言語応答はほとんどないが、こちらの話は理解しているらしくニコリと笑顔で応じてくれる。要介護認定の調査員がやって来て母に話しかけると、返事をしようと「あのー」などと言うが言葉が続かず、本人が諦めてしまう。辛いだろうなと思う。

5月19日

ホームより電話があった。39度台の発熱をした。抗生剤を注射して様子をみているという。

5月20日

面会に行ったという兄から様子を聞く。熱は36度台に下がっていたとのこと。兄に「おにく」と言ったとのこと。きっとお肉を食べたかったのだろう。母の好物は肉なのだ。

5月21日

結局ホームには10日間滞在しただけで、また肺炎のためにH病院へ入院となった。胃ろうにしており、流動食注入後は横にならないように座った姿勢でいるのだが、それでも食べ物が上がってきて誤嚥することがあるのだ。医師からは流動食にトロミをつけて胃ろうから入ればいいので、まだ大丈夫ですよと励ましの言葉があった。

5 急変

今回の入院期間は3週間の予定である。腕に注射をしようとゴムを巻いただけで紫色になるので、中心静脈栄養法により薬と栄養を点滴した。しばらくは絶食で、点滴で治療しかつ栄養を摂る日が続いたが、5月末には微熱ぐらいに下がり、胃ろうからトロミつきの白湯、炎症反応も落ち着いてきたので、引き続き胃ろうからトロミつきの流動食を入れ始めた。元気が出てきて、中心静脈のルートを引っこ抜かれては困るので、またミトンをはめることになった。

6月6日、朝霞市から要介護の認定が届いた。今まで最重度の要介護5だったのが、要介護4になっている。介護認定の考え方として、対象者の状態の良し悪しではなく、生活にどのぐらい手がかかるかを判定の基準としている。したがって、胃ろうにしたので食事介助は、胃ろうに流動食を注入する時間しかかからず、手がかからなくなったと判断されたのであろう。しかし、母は命に関わるほど全身状態が悪く、24時間見守りと対応が必要で、以前より一層手がかかる。この結果には納得できず、再認定をお願いし、要介護5に改められた。

6月21日、母は97歳の誕生日を迎えた。ホーム職員が立派な色紙に寄せ書きをしてオーバーヘッドテーブルに飾っておいてくれた。また病院の栄養科からのバースデイカードも届いていた。おばあちゃん、よかったね、大勢の人が祝ってくれたよと胸が熱くなる。

母はひたすらスヤスヤと眠っていた。医師からは炎症値は低くなってきているので、高熱を発しなければ微熱があっても退院させようと考えているとの話があった。私は落ち着いてくれればとそれだけに気をつかい、毎日が綱渡りのようだ。その後は熱が上がったり、少し下がったりを繰り返した。炎症反応は普通だと0・4のところ、1・4までになり、もう少しで普通になる。あと一息とみんなが思ったが、6月末にはものすごい下痢をして炎症値が跳ね上がってしまった。

さらに、その後7月のことであったが、面会に行くと母のベッドの周りにはカーテンが張り巡らせていた。MRSAが検出されたとのこと。私が現場にいた頃の知識ではMRSAは常在菌で体力が落ちると悪さをし、これに対する抗生剤はないということだったが、医師によると現在は効く薬もできているとのことでほっとする。やがて熱は下がり、胃ろうからの栄養も入っているし、リハビリも毎日継続している。呼びかけると理解しているように見られたが、言語での反応はない状態となった。

7月9日、目を覚ましおだやかな表情をしており会話もできた。「おばあちゃん、こんにちは」「こんにちは」。私が行ったときには寝てばかりなので、「よく寝るわね、私は年のせいか朝早く目が覚めるのよ、もっと年をとりおばあちゃんぐらいになると、またよく寝られるかもね」と言うと、「若いね」と言ってくれた。

爪切りをし、深爪をすると「そのはさみ痛いよ」と言っている。そのほかにもこまごまと話したように思う。まだ理解力があり、簡単な単語ぐらいだが言葉を話せることに安堵するとともに、とても嬉しかった。「昨日は二番目の孫が面会に来たのに、おばあちゃんは眠っていて残念だったね」と言うと、嬉しそうに笑っていた。これが母との最期の会話になるとは予想もしなかった。

次の一週間は面会に行ってもいつも眠っていた。午前は目覚めており言葉も発するが、私が面会に行く午後には、いつも眠っているということで、看護師さんたちも残念がった。母は次第に快方に向かい、来週には退院できる見込みとなった。

午後いっぱいを、ただ寄り添って過ごしたのだが、何もしなくても濃密な関わり合いがもてたと感じる。母のそばにいられるということだけで、私も平和で幸せだった。

退院できるという週の7月16日の月曜日、朝5時に電話で起こされた。病院からで母が急変したとのこと。急変と言われ、その意味はすぐわかった。この頃は兄とは別に暮らしていたので、すぐに兄にも電話を入れ、病院に向かう。

当直の医師に迎えられ、死亡確認が行われた。5時52分、母の死亡が確認された。死因は心筋梗塞であった。看護師によると3時の巡回ではすでに亡くなっていたとのこと。母の部屋はナースステーションのはす向かいで、声がすれば聞こえる場所である。きっと眠っている最中に声も立てずに亡くなったのではないかと思う。母は誰の手も煩わせずひとりで旅立って行ったのだ。97歳だった。

看護師が中心静脈のルートや胃ろうの管をはずし、母はすっかり自由となった。髪を洗い清拭し、顔には薄化粧をほどこし、生前の母のままに美しかった。

ホームの職員2人がすぐ迎えに来てくれた。どんなに心強かったかしれない。職員のひとりは、母のお気に入りのK君だった。ホームの菊の間に安置されると、職員の出勤時刻とともに、多くの職員、看護師、介護士、相談員などが次々と会いに来てくれた。

ホームがあって、そこに帰ることができて本当によかったと思う。その後のホームの職員、利用者の方々の対応は本当に心あたたまるものだった。

次の日のお別れ会のとき、大勢の利用者の仲間たち、職員など見送ってくれた人々が口ぐちにきれいなおばあさんだと感心してくれたのも嬉しいことだった。母は亡くなっても本当に美しかった。母が亡くなったのは悲しかったが、母がもう頑張らなくてもよいことへの安堵もあった。

母は、誇り高くすべてに積極的に生き、最後はひとりで逝ってしまったのだ。見事な人生だったと思う。

母が少し弱くなってから7年、本格的な介護が必要になってからは5年の歳月が流れた。その間、母と私はとても濃密な関係を結び、そこでいろいろなことを学んだ。

介護関係のなかで親子逆転と錯覚するようなこともあったが、私にとって、母は超えることのできない存在であった。私の人生にとってもとても意義のある時間であった。

第6章

母の介護から伝えたいこと

私が母の晩年に伴走することでわかったことは、認知症の人は、よいケアがあれば最期まで自分の意思をしっかりと伝えられ、おだやかに過ごせるということだ。そのために、超高齢社会を生きる私たちに求められることは何だろうか。それを、最後にお伝えしたい。そして、はからずも認知症を患った高齢者やそれを支える介護者へのエールとしたい。

1 認知症の症状を本人の側に立って受けとめよう

統計によると、健康寿命を過ぎて介護が必要になる期間は10年近くに及ぶ。

どのように介護するかは問題とされるが、その時期を人生の一つの段階として、本人がどのように生きるかは、案外問題にされていない。つまり要介護の人は介護の客体としての存在と受けとめられ、疾病や障害をもちながら生きていく主体としての存在としてとらえられることは少ない。特に認知症の場合は「認知症の人」としてとらえるが、生活の主体としての「人間」としてはとらえられないことが多い。

認知症は発病の機序もはっきりせず、根治の治療法もなく、経過も長く、マスコミなどでも徘徊、暴力、盗られた妄想などの行動・心理症状（BPSD）が起こることばかりが喧伝されている。そのために、多くの人は認知症というと、まずBPSDを思い浮かべるようである。これでは家族が認知症になると、介護の不安や先行きのわからない絶望感に襲われ、冷静な対応は難しい。しかし、認知症の患者の全部が全部、そのような症状を示すわけではない。施設における私の経験からみると適切なケアのもとでは、むしろおだやかに過ごす人が圧倒的に多かった。

認知症をかいつまんで解説すると、認知症とは、いろいろな原因で脳の細胞が死滅したりしてさまざまな障害が起こり、生活上の支障が起こる状態である。認知症を引き起こす病気としては、アルツハイマー病、脳血管性認知症、レビー小体型認知症、前頭側頭型認知症などがある。

認知症の症状としては中核症状と行動・心理症状の2分法でとらえられることが多い。中核症状とは脳の細胞が壊れることにより直接起こる症状で、記憶障害、見当識障害、理解・判断力の低下・実行機能の低下などである。これに対しては進行を遅らせる薬が出ており、医療機関に受診すると主に薬で対応する。一方で、本人の性格や環境、人間関係などの要因が絡み合って、不安、焦燥、うつ状態、幻覚、妄想、徘徊、興奮、暴力などの行動・心理症状が起きることがある。これに対しては環境調整やケアの工夫などで対処することになる。しかし、あまりにもはげしい状態で介護者がもちこたえられないときには、薬で対応する場合もある。

このように2分法で認知症を考えることは、とても明快でわかりやすいが、これはあくまでも他者から見た理解の方法であり、医学モデルに立った見方といえる。また、中核症状と行動・心理症状は確然と区別できないこともある。

もう少し、認知症の本人の立場に立って個別の症状について掘り下げて分析・評価し、一つひとつの症状に応じて適切な対応をすることが必要である。最近は認知症の症状を関係性の障害とみる見方がでてきている。認知症の症状の中核になるのは記憶障害である。記憶力が低下することによって、認知症の人と周りの世界のつながりがとれなくなり、本人の存在が足元から崩れてしまう。その結果、本人は不安や孤独感、恐怖感などの虜《とりこ》となり、そのためにいろいろな症状を呈することになる。

これに対する対応としては、本人と本人を取り巻く世界との間に介入し、その関係をつないであげることが重要である。それができれば、認知症の人は安心できる。関係を築くには、認知症の人の症状の原因を、その人の生活や環境などの背景とその人の内面世界の双方をミクロな点まで把握し、理解しなければならない。

母の場合は、娘の私と一卵性親子ぐらいの密接な関係にあり、私が母の目となり耳となり、手となり足となることによって、母の記憶が弱くなることになっても生活が決定的に破たんをきたすことがなく、情緒的にもおだやかに最後まで過ごすことができたように思う。１人ではやっていけなくても、２人で補い合えばカバーできるのである。

認知症が重度になると、病院や施設に面会に来る家族も、もう何もわかりませんからと、そそくさと帰ってしまうことが多いが、母の経験からは、認知症が重度になっても何もかもわからなくなることはない。大事なことは、認知症の人とじっくりつき合ってコミュニケーションをとる努力をすることである。

母は重度の認知症といわれ、言葉も覚束《おぼつか》なくなっていたが、時どき発する単語をつなぎ合わせ、こちらから手がかりになる言葉をかけ、母がうなづいたりすることによって、あるいは、しぐさ、表情などを観察することで、母の意向はかなり明確に理解できた。

コミュニケーションをとるということは、まず心のなかに、これを人に伝えたいという精神世界をもっていることが必要である。母は最期まで自分の意思をはっきりともち、表現したいという意欲を示していた。精神世界は維持されていたのである。

そして、死亡の直前まで娘である私のことを気づかってくれていた。最期まで残ったのは母性であった。母の生きる拠りどころになっていたのは、子を思う母親としての気持ちであるように思う。母は重度の認知症であったので、教科書的には、そんなことあり得ないと言われるかもしれない。それは例外的な症例だと言われるかもしれない。しかし、母の記録を整理していて、確信したことがある。それは、認知症が進行し、重度になると何もわからなくなり、寝たきりとなり、食べることもできず死に至るといわれているが、何もかもわからなくなるのではないということだ。

母の例では、最終段階で寝たきりとなり、胃ろうによってかろうじて栄養を摂る状態になり、言語応答も難しくなっても、記憶、理解、判断は、断片的にではあるがなくなりはしなかった。

むしろ、かなりよくわかっていたように思う。まして人格はもとのままに保たれていた。

人間の能力は我々が思う以上に多面的であり、すべてが失われるわけではなく、それなりの精神世界をもっている。まして人間性がすっかり変わってしまうことはないのではないかと思う。

2　認知症の人や家族を支える制度について予備知識をもとう

認知症の人は、2012年には462万人いるとされた。認知症は、85歳以上の高齢者の40%を超え、90歳以上では60%に達する非常に多い病気である。誰もが高齢期を迎えると認知症と診断される恐れがあるといえる。

しかし、多くの人々は認知症について、嫌悪すべき病気として恐れ、思考停止してしまい正しい知識をもとうともしない。その結果、家族が認知症かもしれない状態になっても気づかず適切な対処がとれずに、認知症の人を追い詰めてしまい、BPSDを発現させることになったり、家族自身が不安と混乱の極みとなり、その結果うつ病になったり、患者と家族ともに生活が立ちゆかなくなることも少なくない。

また、認知症らしいという疑いをもっても、どうしたらいいのかが皆目見当がつかないことが多い。通常、家族がまず駆け込むのは医療機関である。このとき、適切な医療機関にかかればよいのだが、医療機関同士の連携も十分にできていない状況では、なかなか適切な専門医にたどり着くことも難しい。

また現在の認知症医療では、せいぜい薬で様子をみることだけが多く、本当に困っていることへの対処の仕方や、どうすれば生活が成り立つかの指導は少ない。多くの家族が訴える一番の不安は、先行きがどうなるかわからないことである。この先どのような過程を経て、病気が進行し、それぞれの時期にどのような介護が必要になるかについての説明がなされることは少ない。

さらに、医療機関と福祉・介護関係機関、つまり生活を支援する福祉制度や介護サービスとの連携もすすんではいない。家族は切迫した状態になってはじめて、苦労しながら介護サービスなどを探すことになる。市町村では毎年のように介護保険制度についてのおしらせの冊子を配っているが、これをきちんと読んで理解している人は、どのぐらいいるのであろうか。また、近年の医療・福祉制度は猫の目のように変わる。理解せよというほうが無理かもしれない。

なんとかケアマネジャーまでたどりつけば介護サービスともつながるが、制度も手続きも大層複雑であり、説明されても理解できる家族は少ないであろう。サービス利用もケアマネジャーの言いなりとなり、作成されたケアプランが自分たちの生活に最適かどうかもわからないままに、ハンコを押し、契約しているのが通常なのではないだろうか。

今のサービス利用については、制度が複雑すぎてわかりにくいこと、制度へのアクセスは自分からの申請によること、サービス提供事業者とは対等な立場での契約になるため、契約すれば自己責任であることなどの問題がある。高齢期の問題は、かならず自分たち自身に降りかかる問題だけに、日頃から医療制度や福祉制度、介護サービスについて関心と知識をもってほしい。

3 認知症介護を近隣の人に隠さず協力を得よう

介護保険制度によるサービスをはじめ、公的介護サービスは介護支援の骨格となるもので、この整備は最重点課題である。しかし公的サービスと並んで大切なのが、近隣の住民による理解と支援である。認知症との確定診断にたどり着くのは、発病からかなり期間が過ぎてからのことが多く、平均すると1年以上かかっている。制度化されたサービスにつながるのはさらにその後になるので、それまでの期間は、その困難や不安状態は解消される手がかりもなく継続するのである。

また認知症初期には、身体はわりに元気であり一見しっかりとして行動的でもあるので、周囲の理解も得られにくい場合が多い。そんなときに、愚痴を聞いてくれたり相談にのってくれる人が、身近にいると何かと心強いものである。私の場合は職業がら医療・福祉関係の友人が多く、周りがいろいろな段取りをつけてくれたのがありがたかった。専門家の端くれとはいえ、自分のことになると途端に無力になるものである。

また、公的サービスを利用できるようになったとしても、公的サービスは柔軟性に欠けたり小回りがきかず、行き届かないことがでてくる。そんなときが近隣の住民の出番である。たとえば、行きつけのお店の人が外出し迷子になる人をさりげなく見守るとか、転倒した本人を介護者ひとりでは抱き起せない場合、お隣の人が来て手助けしてくれる、買い物に行けなくなっている介護者の代わりに必要なものをついでに買ってきてあげるなど、ちょっとしたことかもしれないが、介護者にとっては大いに助かることである。

ところが介護者の感じる困難な点として、介護の大変さとならんであげられているのが孤立である。SOSも出せないほど切迫していることもあるが、認知症の人を介護していることを人に知られたくないという恥の意識をもったり、他人から白眼視されているように感じてしまう場合もある。極端な場合は、デイサービスの送迎車が自分の家の前に止まったり、ホームヘルパーが来ることさえ、近所の目をはばかる場合もある。

一方で地域住民の認知症介護に対する意識は、怖い、関わり合いになりたくないという否定的なものもあるが、大変だ、他人ごとではないから地域の住民で応援してあげたいという肯定的なものもある。ことに若者よりも高齢者になるにつれて、他人ごとでないという意識は強くなるようである。ただ何をしてあげればよいか、どのように対応したらよいかが想像もつかないのが実情であろう。ある若年性認知症の夫を介護している妻は外出したがる夫に毎日のようについて歩いたが、思いついて障害者介護中という腕章をしたところ、男性トイレにも入りやすいし、すれ違う人やレストランで一緒になった人などがよく理解して、さりげない手助けや態度をとってくれたことが嬉しかったと述べている。

このような住民の意識を考えると、介護者自身が心のバリアを克服して、勇気を出して積極的に近隣にカミングアウトすることが、住民の協力を得たり、意識を変えるうえで重要である。地域としては、地域ぐるみで認知症に対する偏見や差別意識を払拭できる正しい知識をもつように啓蒙活動を行うことが大切であると思う。そのなかで多くの住民が、認知症は物忘れをする、わけのわからない言動をする、さらには徘徊する、怒る、本人は何もかも忘れてしまっているから幸せだなどと、一面的な症状ばかりをみるのではなく、自分のこととして考えることが大事である。認知症の人を「人」として理解できるレベルまで認識できれば、認知症の人も介護者もずいぶんと気持ちを楽にして生きられるのではないだろうか。

どうか勇気をもって近隣、友人、知人に認知症介護について打ち明け、協力を求めよう。

4 施設入所について考えておくべきこと

在宅介護か施設入所かが問題になるのは、在宅介護が限界に達したときや、入院加療し退院を求められたときに介護状態が重く在宅には引きとれない場合であろう。

施設にもいろいろな種類があるが、一般には特別養護老人ホームが終末まで安定的に入所できるので、ここでは特別養護老人ホーム（特養）を中心に述べる。

特養入所希望者は多いが、最初の難関は特養入所にあたっての意思決定である。家族がいる場合、たとえ昼間独居でも、本人は家に居たいというのが普通で、自分から望んで入所することは少ない。そうなると入所させるにあたって、本人の意思に反して入所させることになってしまい、家族側も二の足を踏むことが多い。

しかし私は、条件の整わない無理な在宅介護よりは特養入所をお勧めする。無理な在宅介護は心中や虐待につながりかねない。近年話題になっている介護離職は、年に10万人といわれているが、追い詰められ、先行きの見通しなく、在宅介護を選択した場合は、双方の人生を狂わせてしまうことにもなりかねない。辛い選択になるかもしれないが、この点からも施設入所をお勧めする。

しかしながら、特養入所にはかなりの待機期間が必要であるので、その間、他のサービスを総動員して何とか乗り切る工夫が必要である。老健施設やショートステイをつなぎながら、また介護付き有料老人ホームは特養に比べると高額であるが、地方では案外安いところもあるので、特養に入所できるまでのつなぎとしては考慮してもよいと思う。

本人にとって特養入所は設備も整い、看護や介護の専門家による援助を受けられるので、健康に過ごせるし、快適であり安心である。いわゆる身の周りの介護だけでなく、生活のなかでのリハビリやサークル活動や行事などの楽しい催しが多く、本人も慣れれば結構生活を楽しむことができる。利用者同士の交流もあり、在宅にいるよりもむしろ人間関係の幅も広がる。長年の在宅介護のすえに特養入所を果たし、専門家の介護を受け、本人もおだやかに過ごせるようになり、笑顔も増えたという人の例を、私は数多く経験している。

しかし不思議なのは、特養入所にあれほど逡巡していた家族が入所させたとたんに、面会にも行かなくなる、行っても顔を見るぐらいですぐ帰ってしまう、あるいはだんだんと足が遠ざかることが多いのはどうしてだろうか。これは、介護放棄してしまったという罪業感からか、あるいは家族が口を出しては悪いという、職員への遠慮からなせることなのかもしれない。

しかし、施設に入所させたからこそ、頻回に面会に行くべきであると私は考える。施設に入所したことで介護は専門家がやってくれるとしても、家族が行うことは多い。私の場合は排せつ、食事介助、爪切りなどの介護も行ったが、それ以上に散歩、レストランでお茶をする、雑誌や新聞を見せたり解説したり、衣類の補修や購入、会話するなど、半日滞在してもやることは十分あった。この間に十分な母との関係も築くことができ、母もほとんど家に住んでいると同じような気分になり安心感があるようだった。

私も物理的、心理的余裕があるからこそ、私と母の濃密な関係を深めることができ、私の人生にとっても施設で母と過ごした時間から得るものは大きかった。施設の職員は一生懸命にケアをしてくれるが、大勢を相手にしていることや利用者が高齢期になってからの一時期をみているだけである。またひとり当たりの利用者に割ける時間は短く、一対一の密接な関係は築きにくい。精神面でのサポートでは長く生活をともにし、気心の知れた家族のほうが優るのだ。

ぜひ、頻繁に面会に行き、働きかけ、「あなたとは今までと変わらず家族であり、世界中で一番理解し合える存在ですよ」と働きかけ、関係性を密にし、崩れそうになっている本人を支えてほしい。仮に、入所している自分の家族のために面会に行き1日の大半を費やしたとしても夜間は職員が見てくれるので、家族は少なくとも夜間は眠ることができ身体を休めることができる。施設入所は介護放棄ではない。住まいを変えただけで家族による介護は続いていると考えて、家族が主体的に利用者の介護や精神面でのサポートをしてほしい。

もう一つは、他の利用者との関係である。施設は大勢の利用者が生活しており、一つの社会を形成している。お互いの交流もあり社会が広がる。利用者のなかには優位に立っている利用者もいれば、気弱な人もいる。はっきり言って、家族が頻回に長時間、面会に行く利用者は「この人は家族から大事にされているんだ」と見られ、他の利用者からも尊重される。これは普通の家族には気づきにくいことであるが、ホームといえども一つの社会なので、利用者同士お互いをよく見ているのだ。

家族が頻回に行くことは、職員にもよい影響を及ぼす。以前は老人ホームというと、辺鄙な場所にあり、生活すべてがホーム内で完結するようにできており、閉鎖的であった。近年、特養は、高齢社会にとって必須のものとして数も増加し、社会的認知度も高く、また要介護の高齢者を中心として介護や生活援助については専門的施設として位置づけられている。自宅などに居る高齢者に対しても、その専門性を活用し、在宅サービスの拠点としても機能しているところが多い。

ただ、長期入所部門はどうしても閉鎖的な社会になりがちであり、日々の生活もマンネリになる。これを破るには外部との風通しをよくすることである。この意味でも家族やボランティアなどの出入りはよい影響をもたらす。介護にあたる職員にとっても、しょっちゅう家族が来て大事にしていれば、自然に家族と職員との連携も強くなり、利用者を大事に思い、よいケアを行おうとするモラールは向上するのである。

5　施設でのよいケアには制度の下支えが必須となる

在宅が無理な場合、長期的に入所できる施設として第一の選択肢は、特別養護老人ホーム（介護保険法では介護老人福祉施設）である。

特養は公的な施設で設置に関しては公費が投入されており、費用も比較的安い。入所期間もほぼ終末期まで滞在できるところが多い。特養の定員数は全国で約50万床であるが、入所希望者は

52万人ほどで、入所には何年か待機するのが普通になっている。したがってまず必要なことは、特養を数多く設置することである。在宅で介護する場合、いざという場合は特養にすぐに入れる状態であれば、家族も安心して在宅介護を続けられる。選択の余地のない在宅は、心理的余裕もなく常に追い詰められた状態で厳しいものがある。被介護者も介護者もその生活の質などかまっている余地はなく、ぎりぎりのところでもちこたえているという人は多い。

特養の運営については、すでに1963（昭和38）年より「特別養護老人ホームの設備及び運営に関する基準」が定められている。これによると1部屋の入所者の人数や広さ、設備だけでなく、介護職員や看護職員などの人員配置が決められている。

現在の基準では、利用者の介護の中心となる介護職員および看護職員の総数は、利用者3人に対して1人以上と決められている。看護職員は、利用者30人以下では1人、30～50人以下では2人などと決められている。ケアにあたっては一人ひとりの施設サービス計画（ケアプラン）に基づき行わなければならない。身体拘束は緊急やむを得ない場合を除き、してはならない。入浴は週2回以上などが決められている。

しかし、3対1の人員で24時間をカバーしきれないので、実際は2・5対1から2対1に配置してある。それでも人員が足りずハードな仕事である。したがって、介護職員は特養では3大介護とよばれる排せつ、食事、入浴に追われることになる。このようにホーム側の努力により人員配置を手厚くしている例もみられるが、この10年は仕事へのネガティブな印象が強く、職員の確保が難しくなっており限界がある。一人ひとりの利用者に寄り添い、ゆっくりと話を聞きたくてもできない相談なのである。認知症の利用者との関係性どころではないのが現実である。

また介護保険制度が始まってからは、特養は介護保険の指定を受け、介護保険制度により費用が支給されることになったが、1～2割負担の介護費用と食費、部屋代は負担する利用者からみれば安くはないのだが、施設の運営からみれば介護保険制度で給付される費用では十分とはいえず、特に介護職員の給与が、他の産業の従事者のそれを10万円近く下回るのでは人材が集まりにくく、慢性的な人材不足に悩まされることとなり、それはケアに跳ね返ることになりかねないのである。家族が面会に行っても、職員は忙しく立ち働いており、家族が声をかけるのもはばかられるというのでは、職員と家族の連携どころではない。

よいケアにはよい環境と人材が確保できるだけの財政的基盤が必須である。一億総活躍社会を目指すなら、ぜひ税金の使い方を考え、高齢者介護や保育所、子どもたちにまわしてほしいと心から願う。

あとがき

私がこの本を執筆しようと思った動機は、近年認知症が脚光を浴びており、ちまたにおいても話題となっているが、そのとらえ方が、ＢＰＳＤ（行動・心理症状）の出現により介護者がどんなに困るか、家族の生活が破壊されるかばかりが強調され、それがいたずらに認知症に対する恐怖心や偏見を煽っているような印象があり、そこに違和感を感じたことが大きい。

私の職業生活のなかで出会ってきた認知症の方々は、ほとんどがおだやかに生活していた。母が認知症となり7年間の介護のなかで濃密な日々を送ったが、同じであった。

そんなわけで認知症になると何もかもわからなくなってしまうなどという人格や人間性を無視したようなとらえ方は我慢ができないものだった。認知症がすすみ重度と言われるようになっても、母は豊かな人間性をもって、周囲の人々と接した。ただし、よい状態をキープするには医療、福祉、介護を含めてよい環境とケアが必須である。反対にこれらの環境をつくりきれないと、認知症の人は生きづらくなり、介護者ともども絶望的な状況に陥るのではないか。

ともあれ母は認知症介護の条件をクリアし、彼女のそれまでの人生と変わらず、懸命に生き、〝自分〟として価値ある人生を送ることができたように思う。認知症にかかったら一方的に介護される被介護者としての存在になるのではなく、最期まで生きる主体なのである。重度になり生活に全面的な介護が必要で、こちらからの働きかけに反応が弱く、一見何もできないようになった人と思われても、存在価値というのであろうか、その人が生きていてくれるだけで支えられる人びとがいるのである。そういう意味で、人は誰しもどんなになっても生きる意義があり価値がある存在なのである。

さらにそれは、他者からみての価値というだけでなく、本人そのものが絶えず価値を創造しているようにも見受けられる。エリクソンは生涯発達の理論を唱え、人間は生まれてから死ぬまでのそれぞれの段階で発達課題をもち、それを達成しながら発達すると述べている。私は認知症になってさえ人間は発達するのではないかと思う。認知症になったからといって自分がなくなるのではない。記憶が弱くなることをはじめとする大変不利な条件下におかれながらも、それに抗って悪戦苦闘しながら、崩れそうになる自分の世界をもちこたえて生きているのである。これは死によって幕を引かれない限り続くのである。これは人間にとって極限の発達と言えないだろうか。

「認知症」に仕事として関わり、身内の介護を経験するなかで、医療、福祉、介護だけではなく、人間学的、心理学的側面などについて思うことは多かった。多岐にわたる分野に手を広げてしまい深い洞察にいたらず汗顔のいたりである。しかし、認知症についての私の正直な思いを投げかけることによって多くの方が認知症について考え、理解を深めていただき、認知症が特別なものではなく社会のなかで包摂されることになることを強く願っている。

とりとめのない膨大な資料と原稿を1冊の本として完成するまでに支援し、助言してくれた元同僚で心理学の専門家である岡村佳子先生、母がお世話になった特別養護老人ホーム白十字ホームの西岡修ホーム長、七七舎の北川郁子さん、クリエイツかもがわの田島英二さんに深く感謝します。

２０１７年2月　　安岡　芙美子

参考文献

・日本認知症ケア学会編『改定 認知症ケアの基礎』ワールドプランニング　２００９
・日本認知症ケア学会編『改定・認知症ケアの実際Ⅰ：総論』ワールドプランニング２００９
・地域ケア政策ネットワーク全国キャラバン・メイト連絡協議会『キャラバン・メイト養成テキスト』２０１２
・長谷川和夫『認知症の介護　共に暮らす家族のために』ぱーそん書房　２０１３
・ダイアナ・フリール・マクゴーウィン『私が崩れる瞬間』ディー・エッチ・シー　１９９３
・ドーン・ブルッカー『ＶＩＰＳですすめるパーソン・センタード・ケア』クリエイツかもがわ　２０１０
・本田美和子　イヴ・ジネスト　ロゼット・マレスコッティ『ユマニチュード入門』医学書院　２０１４
・ナオミ・フェイル『認知症の人との超コミュニケーション法　バリデーション』筒井書房　２００１
・ジェーン・キャシュ　ビルギッタ・サンデル『認知症ケアの自我心理学』クリエイツかもがわ　２０１５
・松田実　翁朋子　長濱康弘「認知症診療は症候学から始まる　人との関係性からみた認知症症候学」『老年精神医学雑誌　第20巻増刊号1』２００９
・松田実「認知症支援における医療の役割」『老年精神医学雑誌　第22巻増刷号1』２０１１
・本間照・木之下徹「症候から認知症の人の思いを読む」『認知症ＢＰＳＤ～新しい理解と対応の考え方～』日本医事新報社　２０１０
・上田諭『治さなくてもよい認知症』日本評論社　２０１４
・『認知症はじめの一歩―ご本人・ご家族のための教室テキスト』国立研究開発法人　国立長寿医療研究センター
・朝日隆『都市部における認知症有病率と認知症の生活機能障害への対応』認知症対策総合研究事業　総合研究報告書　２０１３
・『平成25年度有料老人ホーム・サービス付き高齢者向け住宅に関する実態調査研究事業報告書』公益社団法人全国有料老人ホーム協会　２０１４
・『サービス付き高齢者向け住宅等の実態に関する調査報告書』財団法人高齢者住宅財団　２０１３
・高橋一公・戸川佳子『生涯発達心理学15講』北大路書房　２０１４
・大井玄『呆けたカントに理性はあるか』新潮新書　２０１５

・『国民の福祉と介護の動向』vol63no10　２０１６／２０１７厚生労働統計協会　２０１６
・小松洋平　上城憲司　青山宏「地域住民が持つ認知症に対するイメージの実態と構造〜自由回答アンケートの分析」
・山鳥重『脳からみた心』角川ソフィア文庫　２０１３

◎プロフィール
安岡　芙美子（やすおか　ふみこ）
全国老人福祉問題研究会運営委員
青い鳥なんでも相談室理事
早稲田大学文学部心理学科卒業、日本社会事業大学大学院社会福祉研究科博士課程前期修了。東京都に福祉指導（福祉専門職）として主に高齢者福祉分野に約30年勤務した後、会津大学短期学部社会福祉学科に6年、十文字学園女子大学人間福祉学科に8年勤務する。専門は老人福祉論。その間、母の介護を7年間行う。
著書に『日本の福祉・論点と課題2005年』大月書店（共著）『高齢者福祉白書』本の泉社（共著）などがある。

認知症を生き抜いた母―極微の発達への旅

2017年3月31日　初版発行

著者　©安岡芙美子

発行者　　田島英二　info@creates-k.co.jp
発行所　　株式会社クリエイツかもがわ
〒601-8382　京都市南区吉祥院石原上川原町21
電話 075(661)5741　FAX 075(693)6605
郵便振替　00990-7-150584
ホームページ　http://www.creates-k.co.jp
編集　七七舎

印刷所――モリモト印刷株式会社

ISBN978-4-86342-206-3 C0036　　Printed in Japan

認知症関連　好評既刊本

本体価格表示

認知症カフェハンドブック

5刷

武地 一／編著・監訳　京都認知症カフェ連絡会・NPO法人オレンジコモンズ／協力

イギリスのアルツハイマーカフェ・メモリーカフェに学び、日本のカフェの経験に学ぶ。開設するための具体的な方法をわかりやすく紹介！ 認知症になったからと家に引きこもったり、家族の認知症のことで一人悩んだりするのではなく、気軽にふらっと立ち寄って、認知症のことを話し合ってみたい。そんな思いをかなえる場所、それが認知症カフェです。　1600円

認知症の人の医療選択と意思決定支援
本人の希望をかなえる「医療同意」を考える

成本 迅・「認知症高齢者の医療選択をサポートするシステムの開発」プロジェクト／編著

家族や周りの支援者は、どのように手助けしたらよいのか。もし、あなたが自分の意向を伝えられなくなったときに備えて、どんなことができるだろう。　2200円

認知症ケアこれならできる 50 のヒント
藤本クリニック「もの忘れカフェ」の実践から

2刷

奥村典子・藤本直規／著

藤本クリニックの「もの忘れカフェ」の取り組みをイラストでわかりやすく解説。三大介護の「食事」「排泄」「入浴」をテーマにした、現場に携わる人へ介護のヒントがたくさん。【長谷川和夫先生すいせん】　2000円

認知症ケアと予防に役立つ 料理療法

2刷

湯川夏子／編著　前田佐江子・明神千穂／共著

高齢者にとって料理は長年慣れ親しんできた日常生活の一端です。それを通して楽しみとやる気を得、役割を担うことで精神面での向上につながります。心と身体に栄養を！　施設や地域、自宅でLet's Try！ 高齢者施設で人気のメニュー＆レシピ14品を紹介。　2200円

介護の質
「2050 年問題」への挑戦

森山千賀子・安達智則／編著

特別な人が介護を要するのではなく、誰もが介護に関わる時代はすぐそこにきている。地域に根ざした豊富な事例と深い理論的考察、先駆的な取り組みに学びながら、「介護の質」が保障された地域社会を展望する。　2200円

認知症ケアの自我心理学入門　自我を支える対応法

ジェーン・キャッシュ　ビルギッタ・サンデル／著　訓覇法子／訳

認知症の人の理解と支援のあり方を、単なる技法ではなく、「自我心理学」の理論に裏づけられた支援の実践的な手引き書、援助方法を高めていく理論の入門書。認知症の本人と家族、そして介護職員のための最良のテキスト！

〔付録〕認知症ケアのスーパービジョン　2000円

http://www.creates-k.co.jp/

ソーシャルワーク・ポケットブック
パワーとエンパワメント
シヴォーン・マクリーン、ロブ・ハンソン／著　木全和巳／訳

パワーの機能と構造を学び、人権と社会正義に根ざした、本来のパワーを促すエンパワメント実践の追求を！ 利用者訪問の移動中や合間に、気軽に、手軽に読め、実践の振り返りと利用者への対応に役立つ！　1600円

未来につなぐ療育・介護労働
生活支援と発達保障の視点から　北垣智基・鴻上圭太・藤本文朗／編著

●発達保障の視点を高齢者介護に、障害者の高齢化に新たな支援のあり方を探る！重症児者療育で積み重ねられてきた発達保障の実践を高齢者介護実践につなげる。支援実践の共通点と具体的な視点や方法、考え方の相互応用の可能性を探る。　2200円

認知症のパーソンセンタードケア
新しいケアの文化へ　トム・キットウッド／著　高橋誠一／訳

◉**「パーソンセンタードケア」の提唱者トム・キットウッドのバイブル復刊！**
「医学モデル」に基づいた認知症の見方を徹底的に再検討、 認知症の人の立場に立った「その人らしさ」を尊重するケア実践を理論的に明らかにし、 世界の認知症ケアを変革！　2600円

VIPSですすめる パーソン・センタード・ケア　3刷
あなたの現場に生かす実践編
ドーン・ブルッカー／著　水野 裕／監訳　村田康子、鈴木みずえ、中村裕子、内田達二／訳

「パーソン・センタード・ケア」の提唱者、故トム・キットウッドに師事し、彼亡き後、その実践を国際的にリードし続けた著者が、パーソン・センタード・ケアの４要素（VIPS）を掲げ、実践的な内容をわかりやすく解説。　2200円

認知症と共に生きる人たちのための
パーソン・センタードなケアプランニング
ヘイゼル・メイ、ポール・エドワーズ、ドーン・ブルッカー／著　水野 裕／監訳　中川経子／訳

認知症の人、一人ひとりの独自性に適した、質の高いパーソン・センタードなケアを提供するために、支援スタッフの支えとなるトレーニング・プログラムとケアプラン作成法！［付録CD］生活歴のシートなど、すぐに役立つ、使える「ケアプラン書式」　2600円

パーソンセンタードケアで考える 認知症ケアの倫理
告知・財産・医療的ケアへの対応
ジュリアン・C・ヒューズ／クライヴ・ボールドウィン／編著　寺田真理子／訳

認知症の告知・服薬の拒否・人工栄養と生活の質・徘徊などの不適切な行動…コントロールの難しい問題を豊富な事例から考える。日常のケアには、倫理的判断が必ず伴う。ケアを見直すことで生活の質が改善され、認知症のある人により良い対応ができる。　1800円

ロングセラー認知症ケアの必読書―本人の声に寄り添って―

DVDブック　認知症の人とともに

DVDブック

永田久美子／監修　沖田裕子／編著

●認知症の人の思いがつまった90分のDVD収録
〈DVDの内容〉日本の認知症ケアを変えたオーストリアの当事者：クリスティーン・ブライデン＆ポール・ブライデンさん。触発された日本の当事者：佐野光孝さん、中村成信さん、佐藤雅彦さん。講演「私は私になっていく」（クリスティーン）全収録〈35分〉　5000円

認知症の本人が語るということ

扉を開く人 クリスティーン・ブライデン

永田久美子／監修　NPO法人認知症当事者の会／編著

クリスティーンと認知症当事者を豊かに深く学べるガイドブック。認知症の常識を変えたクリスティーン。多くの人に感銘を与えた言葉の数々、続く当事者発信と医療・ケアのチャレンジが始まった……。そして、彼女自身が語る今、そして未来へのメッセージ！　2000円

私は私になっていく　認知症とダンスを〈改訂新版〉

2刷

クリスティーン・ブライデン／著　馬籠久美子・桧垣陽子／訳

ロングセラー『私は誰になっていくの？』を書いてから、クリスティーンは自分がなくなることへの恐怖と取り組み、自己を発見しようとする旅をしてきた。認知や感情がはがされていっても、彼女は本当の自分になっていく。　2000円

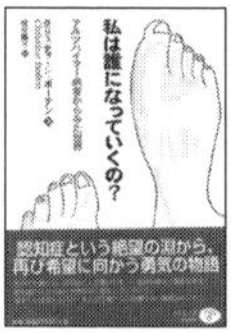

私は誰になっていくの？　アルツハイマー病者から見た世界

クリスティーン・ボーデン／著　桧垣陽子／訳

21刷

認知症という絶望の淵から再び希望に向かって歩み出す感動の物語！

世界でも数少ない認知症の人が書いた感情的、身体的、精神的な旅―認知症の人から見た世界が具体的かつ鮮明にわかる。　2000円

食べることの意味を問い直す

物語としての摂食・嚥下　　新田國夫・戸原 玄・矢澤正人／編著

2刷

医科・歯科・多職種連携で「生涯安心して、おいしく、食べられる地域づくり」「摂食・嚥下ネットワーク」のすぐれた事例紹介！ 医科・歯科の臨床・研究のリーダーが、医療の急速な進歩と「人が老いて生きることの意味」を「摂食・嚥下のあゆみとこれから」をテーマに縦横無尽に語る！　2200円

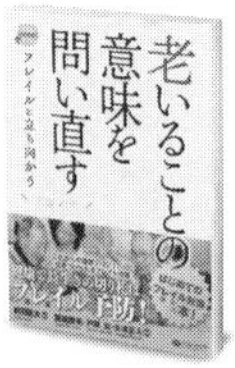

老いることの意味を問い直す

フレイルに立ち向かう　　新田國夫／監修　飯島勝矢・戸原 玄・矢澤正人／編著

65歳以上の高齢者を対象にした大規模調査研究「柏スタディー」の成果から導き出された、これまでの介護予防事業ではなしえなかった画期的な「フレイル予防プログラム」＝市民サポーターがすすめる市民参加型「フレイルチェック」。「食・栄養」「運動」「社会参加」を三位一体ですすめる「フレイル予防を国民運動」にと呼びかける。　2200円

http://www.creates-k.co.jp/